A Middle Class without Democracy:
Economic Growth and the Prospects for Democratization in China

猪口孝／猪口邦子 編集
叢書「世界認識の最前線」

Jie Chen
ジー・チェン［著］
野田牧人［訳］

中国の中間層と民主主義
経済成長と民主化の行方

NTT出版

A Middle Class Without Democracy:

Economic Growth and the Prospects for Democratization in China

by Jie Chen

First Edition was originally published in English in 2013.

This translation is published by arrangement with Oxford University Press.

叢書「世界認識の最前線」刊行によせて

中国の将来はどのようなものか。予測の種類のうちで、もっともよくあるのが人口学的なもので、一九八〇年代から続いていた一人っ子政策の影響が現れ、生産人口が縮小し、非生産人口（とりわけ高齢者）が増大する趨勢が、すでに急速な勢いをもって進行している。その結果は、生産活動の減少であり、経済成長年率の減退である。

高度成長の恩恵を受けたのは主として沿海地方、北京、大連、青島、上海、寧波、広州、深圳などの大都市とその後背地である。それに隣接する地域も、次第に恩恵を受けている。西に存在する地域は、高地や砂漠が大半を占めているのみならず、少数民族が漢民族の進出に反発しているところである。過去二五年間の改革・開放の政策路線の結果、中国市民の一％が信じられないくらいの資産を保持し、残る九九％はほんの少ししか資産をもたないというどこの社会でもそう驚かない配分になっている。

中国では一％が保有する資産のかなりが香港や国外にすでに安置され、中国社会の展開次第で、国外に一家、一族などが移住する手はずが整えられているそうである。中国社会の強さは、沿海地方が巨大な中間層をこの四半世紀に作ったとしても、貧困層はまだまだ巨大な集団を形成している。未開発地域は国有企業のバックアップで消費能力（とりわけ中間層の）に比べて、供給能力が恒常的に過剰になっているなかで、国内の未開発地域においてだけでなく、世界中のすべてで開発意欲を示している。二〇一四年のアジアインフラ投資銀行（AIIB）の設置とか、アフリカ（一〇〇万人を超える中国人が居住している）、南アジア、東南アジア、中南米、中近東（国内のエネルギー需要が天文学的に増加しているので）、ロシアだけでなく、欧州や北米でもその開発投資意欲はきわめて高い。

中国の問題の一つは、特権階級が国有地（国土のすべてが国有地）と国有企業、そして中国共産党の圧倒的な権力を背景にしてその他大勢を収奪していることにある。習主席の腐敗絶滅キャンペーンは共産党を破壊するのではないかといわれることもあるが、それなくては中国自体が崩壊することになると、ときにいわれる。共産党がつぶれるか、人民共和国がつぶれるか――それが問題だといわれる。

このような背景下で、中国社会の中間層がとる位置はいかなるものか。欧米の近代化理論によれば、経済発展がある程度進めば中間層が民主化の担い手として登場する。ところが非欧米地域で広範に経済発展が進展しているなかで、民主化の担い手となってほしい中間層がきわだって民主化支持の勢力にはなっていない。中国でもしかり、タイでもしかり、モンゴルでもしかり。

中国共産党の若い党員は学業優秀で品行方正、ものの考え方は意外とリベラルというのが多数だといわれる。中国社会の思想を、伝統的な保守、左翼的な保守、開放的な民主派、そして保守的なリベラルに分けると、若い優秀な党員は圧倒的に第四のカテゴリーに入る。第三の民主派はどこまで大きいかは世論調査ではわかりにくいが、ウェイボーでみる限り、状況の展開次第で拡大の可能性をいつももつ。第一の伝統的保守は大地に根ざし、すべて受け身的で考える。同時に地方役人に対して反発行動をとる階層でもある。第二の左翼的保守は毛沢東時代の影響があってか、高度成長時代の所得格差、特権階級による収奪に反発と怒りをもつ。失脚した薄熙来が動員しようとした階層である。

著者、ジー・チェンは中間層(所得増大を主要な指標とする)の増大が民主化の方向に進むかどうかについて、全国的に無作為抽出された標本を土台にした民主主義調査を実施した。標本の抽出は中国政府の協力を得ており、世界でも稀なしっかりとしたデータベースである。ちゃんとしたデータを保有も生成もせずに、中国の行方がわからないという前に、わかるという方向に一歩進めてくれる稀有な著書である。

二〇一四年一一月

猪口孝・邦子

ヤンピンとジャッキーへ

contents

図表一覧

表

図

略　語　集

CCP	中国共産党
CPPCC	中国人民政治協商会議
CRC	社区居民委員会
CRS	生産責任制
EAB	東アジア・バロメーター
ELI	輸出主導型工業化
ETDZ	経済・技術開発特区
FDI	海外直接投資
HOA	持家人組合
ISI	輸入代替型工業化
NPC	全国人民代表大会
OLS	最小二乗法
PRC	中華人民共和国
RMB	人民元（中華人民共和国正式通貨）
SEZ	経済特区
SOE	国有企業
TVE	郷鎮企業

はじめに

一九九〇年代中頃以来、私は、中国にいる友人や家族の多くが、改革開放政策以前の「プロレタリアート」階級から現在の「中間層」に移行するという奇跡を目撃してきている。今日、中国中間層の人々は、米国をはじめとする先進諸国の中間層ときわめてよく似た生活を送っている。たとえば自家用車を運転し、個人でアパートを借りており、また最低でも大学教育を必要とするような立派な仕事に就いており、欧米の中間層の間で人気の趣味にはまり、ときには住んでいる地域の政治に参加することすらある。私自身、近年の中国における中間層の行動には本当に驚いており、この新しい社会階層についてどうしても答えを見つけ出したい疑問を、たえず他人にも自らにも投げかけてきた。まず第一に、こうした中国の新しい中間層をどのように特徴づけ、定義すべきなのだろうか。中国の新興中間層は、欧米の中間層と性格を同じくするものなのだろうか。この新しい社会階層は、今後、中国の将来をかたち作るうえで重要な役割を果たしていくのだろうか。過去半世紀にわたり、中国共産党が一党で政治権力を独占している非民主主義国家中国の民主化に向けての政治変動に対し、この新しい階層は、はたしてこれを支持、推進する側に回るのであろうか。

こうした好奇心をかきたてる疑問に対する解答を求めるため、私はおよそ五年ほど前に、中国民主化における新興中間層の役割に関する研究プロジェクトを立ち上げた。このプロジェクトを遂行していくうち、この問題について、かつて想像すらできなかったほど多くを学ぶこととなった。そこで、まだ本書の「はじめに」の段階であることを承知のうえで、この段階で、このプロジェクトから得られた成果のうちでも、もっとも本質的かつ中枢的なものをご披露したいと思う。それは、一九九〇年代に登場し始めた中国の新しい中間層は、欧米の中間層との共通点がいくつか見られるものの、これとはまったく異なるものであるということである。両者間のもっとも大きな違いは、中国の新興中間層は、誕生以来、その存続や成長に関し、中国共産党指導下の国家、違う言い方をすれば、一党独裁国家に大きく依存しているという点である。この根本的違いをはじめ、さまざまな違いにより、中国の新興中間層メンバーの大半は、間違いなく、現在の一党独裁国家の存続を危うくするような民主化に向けての政治変動を歓迎しない。しかしながら同時に、中国の中間層が、一党独裁国家への依存の度合いを大幅に減らすことさえできれば、この社会階層は中国の民主化に対する姿勢や、行動の志向性を変えてくる可能性を秘めていることも強調したい。著者としては、こうしたプロジェクトの成果が、台頭する中国の中間層に対する理解、なかでも、この階層が来るべき政治変動において果たし得る役割に関する理解を深めるうえで一助となることを望むものである。加えて、政策当局者や実業界のリーダーたち、実務の世界の人々から、一般市井の読者に至る中国に関心のあるあらゆる人々にとって、この本に盛り込まれた研究成果が、有益かつ興味深いものであることを望む。

本研究プロジェクトの全過程を通じ、数多くの個人、組織から支援と協力をいただくという幸運に浴した。こうした支援や協力なしには本プロジェクトを完了させることは不可能であったであろう。そのなかでもまず第一に、研究の各段階で洞察力にあふれるガイダンスを提示してくれ、大いに勇気づけてくれ、惜しみなく援助を提供してくれた人々に対し、心よりお礼を申し上げたい。とくに、北京、成都、西安という中国の主要三都市における確率標本抽出調査の設計や実施に当たって支援を得た北京社会科学院のレイ・タオ、中国社会科学院のイーイン・ヤン両氏と、この三都市において二〇〇名を超す綿密な詳細聞き取り調査を実施するうえで不可欠な協力を提供してくれた中国政法大学のルー・チュンロン氏には、別して感謝の意を述べたい。この確率標本抽出調査と詳細聞き取り調査から得られたデータこそが本書の土台となっている。また本書の作成段階で議論や手法について忌憚なく建設的コメントを寄せてくれた、ブルース・ディクソン、デイヴィッド・アーネスト、デイヴィッド・S・G・グッドマン、チェン・リー、チュンリン・リー、リエンジアン・リー、メラニー・マニオン、ケヴィン・オブライエン、ドロシー・ソリンガー、ウェンファン・タン、ケリー・S・ツァイ、シャオジン・チャン、ヤン・チョン、シャオホン・チョウの各氏にも謝意を表したい。なかには、数々の会議やシンポジウムで提示されたものもあれば、長年にわたる著者との文書のやり取りのなかで示されたものもあるが、これらの貴重なコメントのおかげで、本書の質をすみずみにわたって高めることが可能になった。さらに本書の草稿に細心な編集の手を加えてくれた我が友ロバート・ホールデンと、さまざまな統計分析を実施するうえで手腕を発揮してくれた研究助手ナリソン・フーへにもお礼を申し述べたい。

本研究の遂行に当たっては、複数の機関の支援を得ることができた。本書出版に至る研究に対しては、全米科学財団 (National Science Foundation) より潤沢な研究助成 (SES-0550518/0936245) の提供を受けた。本書中の見解、発見ならびに結論はすべて著者に帰するものであり、かならずしも全米科学財団の見解を反映しているものではない。とくに、中国のさまざまな機関を関与させるうえで生じた数多くの障害や不測の事態に対処するため、多々無理をしてくれた同財団の助成担当官、ブライアン・ヒュームズには、別して謝意を表したい。これまでの研究者人生を通じて、彼ほど効果的で有能な助成担当官には、いまだかつてお目にかかったことがない。また、研究のための休暇を了承してくれた著者のかつての所属先、オールド・ドミニオン大学と、本プロジェクトを遂行するために必要な研究助手をつけてくれた現在の所属先、アイダホ大学にも感謝する。

本プロジェクトに、熱意あふれる支援と深い洞察に裏打ちされたガイダンスを提供してくれたオックスフォード大学出版の担当エディター、デイヴィッド・マクブライドにも感謝したい。彼は、なみいる社会科学研究プロジェクト、中国研究プロジェクトのなかで、最初に私の研究に注目してくれた数少ないエディターの一人であった。彼のたえず前向きで建設的な姿勢からは、研究にベストを尽くすうえで何度も大きな刺激を受けた。世のすべての真摯な研究者が、デイヴィッド・マクブライドのようなエディターとめぐりあえるよう祈りたい。

本書には、以前、別のかたちで出版された部分が含まれている。本書に掲載するについて各版元より許可を得た。

"Democratization and the Middle Class in China: The Middle Class's Attitudes toward Democracy," *Political Research Quarterly* (SAGE Publisher) 64 (3), 2011: p.705-719

"Attitudes toward Democracy and the Political Behavior of China's Middle Class," ed. Cheng Li,

China's Emerging Middle Class: Beyond Economic Transformation (Brookings Institution Press), 2010: p.334-358

"Why Do People Vote in Semicompetitive Elections in China?," *Journal of Politics* (Cambridge University Press) 64, 2002: p.178-197

最後になってしまったが、私の研究活動が、家庭における夫として父親としての義務の遂行と抵触することがあまりにも多かったにもかかわらず、これを寛恕してくれた家内と娘にも謝意を述べたい。思い返せば、本研究のために実施できなかった家族旅行やさまざまなイベントが数多くあったし、この研究や私のキャリアのために二人が支払った犠牲に対して十分に報いたとはとてもいいがたい。そこで、家内と娘に対する感謝の意味を込めて、本書を私の家内、ヤンピンと、私たちの娘、ジャッキーに献呈したいと思う。

ジー・チェン

二〇一二年八月一日

第1章

「条件次第」の中間層

著者は、一九九〇年代初頭より毎年、中国各地でフィールドリサーチを実施している。調査に出るたびに、ますます多くの中国人、とくに都市部の住民が、米国の中間層市民によく似た生活を送るようになってきているという現実に直面するようになっている。この社会現象の完璧な事例として、四人の友人のケースをあげることができる。四人とも生まれてこのかた中国国内で仕事をし、生活をしてきている。また四人とも、典型的な中間層的職業に就いており、一人は北京市政府の部長職（中国語では「処長」）、二人目は一流コンピュータ企業の中間管理職、三人目は民営法律事務所所属の商務・財務担当弁護士、最後の四人目はフリーの有名作曲家として生計を立てている。四人とも、北京市内の今はやりの地区にそこそこのアパートを所有し、通勤には中価格の自家用車を使用している。共通して四人とも、子供の教育には莫大なエネルギーと資源を注ぎ込んでいる。さらに四人はそれぞれ、中国の国内問題と同様に、国際関係、とくに米国や中東における政治的動きや問題に関しても、十分な情報を得ている。

この三〇年間に中国社会が目覚しい近代化をとげていくなかで、この四人の友人に代表される新しい中間層［★1］が台頭してきており、着実に、突出した社会経済勢力、社会政治勢力に育ってきている。中国社会科学院が最近実施した全国レベルの代表標本抽出調査によれば、中間層が中国の総人口に占める割合は、二〇〇〇年には一五％だったものが、二〇〇六年には二三

%にまで上昇している(Lu 2002, 2010)。前・対外貿易・経済協力担当商務次官兼中国通商代表は、中間層の全人口に占める割合は、二〇一〇年には三〇%に上昇すると予測している(Zhou 2005 p.1 参照)。エコノミストのなかには、中間層は二〇三〇年までに全人口の七四%を占めるに至ると予測するものもいる。つまり、「中国人民の大半が、貧民から中間層に移行する」(Kharas and Gertz2010, p.43)というのだ。いずれにせよ、中国が近代化を続けるにともない、中国の中間層の規模とその社会政治的影響力が、拡大の一歩をたどるであろうことは疑う余地もない。

では、中国の民主化に向けての政治変動において、この新しい中間層には、どのような役割が期待されているのであろうか。中国の中間層は、民主主義的に考え、行動することができるのであろうか。もしそうだとすると、欧米の多くの識者が期待しているように、この中間層は中国民主化の先駆けの役割を果たすことができるのだろうか。中国の中間層の登場と成長には目覚ましいものがあるので、こうした疑問に対する政治学者をはじめとする中国ウォッチャーたちの関心は高まる一方である(たとえば、Glassman 1991; Solinger 1992, 2008; Goodman 1996, 1999; Chen 2002; Xiao 2003; He Li 2003; O'Brien and Stern 2008;; Zhang 2010 など)[★2]。しかし、これら研究者の出す答えは、民主化への移行過程における中間層の役割、ないしはさまざまな政治課題に対する中間層メンバーの姿勢や行動の志向性に関し、いまだにコンセンサスの方向を示すに至っていない。加えて、代表標本抽出調査や確率標本抽出調査のなかでも、こうした疑問に系統立って取り組んだものはほとんどいないという状態である。そこで、こうしたきわめて重要かつ時宜を得た疑問に答えるべく、本書では、中国の新興中間層は、民主主義と民主化そのものをどの程度支持しているか、彼らが依って立つ社会政治的資源は何か、さらにそうした支持はどのような行動的帰結をもたらすのかについて、体系的に検討を加えることとする。ここで強調しておきたいのは、本書で展開する検討は、確率標本抽出調査と、二〇〇七年末から二〇〇八年初頭にかけて中国主要三都市で行った詳細聞き取り調査から収集したデータに則っているという点である。こうしたデータによって、本書では、最大にしてもっともダイナミックな発展途上国である中国の民主化に向けての中間層からの後押しに関し、さまざまな仮説や従来の研究に立脚した議論をしっかりと検証することが可能になった。

加えて、本書に掲載した調査結果は、中国の中間層の民主化支持の原因、その行動的帰結、ならびに支持の程度にかかわる、少なくとも二つの重要問題に新しい光を当てることになるだろう。第一に、中間層の規模と影響力は、劇的に増大することが確実なので、この階層の民主主義に対する姿勢を明らかにすることで、今後の中国の政治変動の軌跡、なかでも民主化の動きが描く軌跡をより深く理解することができるようになると期待できる。政治的動向をより深く理解できることは、世界中の政治指導者たちが、中国という影響力が膨大になりつつある国の今後の政治変動に対する政策を設計、実施するうえで大いに有用である。

第二に、中国は依然として非民主的な開発途上国だとみなされているので、中国中間層の民主化の後押しに関する観察結果は、他の非民主的開発途上国における中間層の役割に関する研究にかならずや大きな影響を与えるものと思われる。こうした影響は、さらに開発途上世界の民主化の促進要因、もしくは阻害要因としての中間層の役割に関する一般理論的考察にも大きく貢献するものと思われる。

本章ではまず、中国の中間層の民主主義支持を検証するガイドラインとなった理論的アプローチと分析的枠組みについて語り、次に本研究の土台となった経験的データについて検討を加えたい。以下、各章章末には簡単な要約をつけることとする。

1 「単線的」アプローチ対「条件次第」アプローチ

中間層の民主主義や民主化に対する姿勢に関しては、膨大な文献が存在する。こうした一般文献のなかには、二つのまったく別個のアプローチが見られるように思われる。一つは、「単線的」アプローチ（"unilinear" approach）[★3]（Lipset 1959 1981; Lipset and Bendix 1959; Nie, Powell, and Prewitt 1969; Dahl 1971; Luebbert 1991; Huntington 1991; Glassman 1997）である。「単線的」アプローチは、近代化理論に忠実に寄り添ったものであり、経済的近代化と政治的民主化の関係に焦点を当てている。「単線的」アプローチに従えば、近代化が進展するに従って、個人の収入レベル、教育レベル、社会経済的流動性の程度、自由であることへの評価などがみな飛躍的に向上する。こうした属性変化が、非民主社会の民主化を促進すると同時に、民主社会においては民主的制度や機構をよりいっそう強化する。「単線的」アプローチは、「中間層の台頭が、普遍的にこうした属性変化を具現化する」ことを重要視する（Hattori, Funatsu, and Torii 2003, p.129-130）。「単線的」アプローチは、単線的因果関係を一セットとしてとらえ、まず社会経済的近代化が中間層の台頭をもたらし、それが非民主社会における民主化の先兵となると見る。換言すると、バリントン・ムーアの有名なテーゼ「ブルジョワのないところ、民主主義は育たない」（Moore 1966）[★4]が示すように、「単線的」アプローチは、中間層は通常、民主化と民主主義の強力な擁護者になるとみなす。

「単線的」アプローチに賛同する研究者は、潤沢な経済資源や政治エリートに対する密接な関係をもつ上層階層とは異なり、中間層市民は限られた経済資源しかもたず、政府内の有力パトロンとのコネクションも欠いているとも説く。したがって、中間層メンバーは、自己利益の観点から、個人としての権利や保有するささやかな財産を、政府や上層階層による侵害から最大限保護することができる民主的制度を支持、擁護する（Glassman 1995, 1997）。加えて、中間層に属する個人は下層階層の市民と比べて教育程度が高く、余暇時間も多くとれるので、社会の営みをよりよく理解し、より効果的に参加することができることから、民主主義を擁護する傾向にあると説く研究者もなかにはいる（Mills 1953, Lane 1959）。

「単線的」アプローチは、主に欧米諸国の民主主義への移行ないしは維持における中間層の役割に関する研究から得られた証拠によって下支えされてきている（たとえば、Eulau 1956 a, 1956b; Lipset 1959, 1981; Nie et al. 1969; Dahl 1971; Milbrath 1977; Glassman 1995, 1997; Walsh, Jennings, and Stoker 2004 など）[★5]。こうした研究は、中間層に属する個人は通常、民主的原則を擁護し、民主制度の振興や維持に向けての行動をとり、非民主的制度に反対する行動をとると観察している。

これとは別のアプローチは、「条件次第」アプローチ（"contingent" approach）とでも呼ぶことができよう（Johnson 1985; Stephens 1989; Rueschemeyer, Stephens, and Stephens 1992; Bertrand 1998; Jones 1998; Englehart 2003; Hsiao and Koo 1997; Koo 1991; Brown and Jones 1995; Bell 1998; Acemoglu and Robinson 2000; Bellin 2000; Hattori and Funatsu 2003; Thompson 2004）。近代化と民主主義の間の単線的因果関係を前提とす

る上記「単線的」アプローチと異なり、この「条件次第」アプローチは、経済発展と民主化の間の関係は「ダイナミックな関係」と特徴づけるのが最善だとの立場をとる。ブルース・ディクソンが指摘しているように、このアプローチでは「民主化は経済成長の当然の結果などではなく、衝突と交渉と、ときには挫折に満ちた政治過程なのだ」(Dickson 2003, p.12) とみなす。なかには、ポスト共産主義の欧州やユーラシアにおける最近の政治変動に関する研究を土台に、発展はかならずしも「民主主義的秩序の国境を越えた拡散」につながるとは限らず、それどころかさまざまなかたちをとる独裁政治につながることすらあると主張する分析者もいる (Bunce, McFaul, and Stoner-Weiss 2010 など)。加えて、「単線的」アプローチが、近代化の因果効果として、中間層はほぼ不可避的に親民主主義的立場をとるものと強調しているのに対し、「条件次第」アプローチでは、中間層の民主主義に対するスタンスは、いくつかの重要な社会政治的、社会経済的条件に依拠するとみなす。こうした「条件」は、それぞれの国の政治的文脈や、それぞれの国の経済発展の段階によって異なる。条件、もしくは要素としては、中間層の国家への依存度(もしくは独立度)、自らの社会経済的豊かさの自覚、他の階層(たとえば、上層階層や労働者階層など)との政治的協調関係、中間層内の結合の度合い(もしくは分散の度合い)、さらには政治的不安定に対するおそれ、などが考えられるが、これらに限定されているわけではない。要するに、「条件次第」アプローチを支持する研究者たちは、中間層はかならずしも民主化を支持するとは限らず、とくに中間層が独裁的国家に強く依存しているか、緊密に関係している場合や、社会的、物質的に豊かで満足している場合、階層としてまとまりを欠いている場合、さらには政治的不安定を憂慮している場合などには、その限りにないとしている。換言すれば、こうした条件のすべて、ないしはいくつかが変わっていくにつれ、その社会の中間層も、民主化や民主主義に対する志向性を変化させていくということだ。したがって、たとえばヘイゲン・クーが論じているように「(中間層を)恒常的に進歩的か、保守的かと、レッテルを貼ることにはあまり意味がない」(Koo 1991, p.506)ということになる。

「単線的」アプローチの場合とは異なり、「条件次第」アプローチは、主として発展途上諸国、とくに急速な経済的転換をとげている途上国の中間層に関する研究から得られた証拠に支えられてきている(たとえば、Koo 1991; Rueschemeyer et al. 1992; Brown and Jones 1995; Rodan 1993; Johnson 1985; Bell 1998; Jones 1998; Lam 1999; Torii 2003; Englehart 2003 など)。こうした研究の大半は、中間層は民主化に対してさまざまに異なったスタンスをとるものであり、このスタンスの違いは中間層の国家との関係、社会的、経済的生活の自己評価、ならびに社会政治的不安定に対する憂慮に起因するとみなしている。加えて、「条件次第」アプローチの支持者は、中間層に属する個人はそれぞれが異なった社会経済状況の影響を受けているので、中間層のなかにも民主主義に対して異なった姿勢を身につけているグループがいることを発見している。

上記の研究のすべてが「単線的」アプローチか「条件次第」アプローチのいずれかにうまく適合するわけではないが、それでも文献のなかでは二つのまったく性格の異なる論理が底流をなしていることがわかる。近代化と民主化・民主主義の間の単線的因果関係を前提としている「単線的」アプローチは、中間層の民主主義支持はほぼ不可避的であると説く。他方、「条件次第」アプローチは、経済発展と民主化の間のダイナミックな関係に鑑み、中間層の民主主義に対する姿勢は条件次第であるという点に注目する。

2　開発途上諸国における中間層と民主主義

「単線的」アプローチと、「条件次第」アプローチのどちらが、発展途上諸国、とくに中国のような根本的経済転換の最中にある途上国の中間層を分析する道具としてふさわしいのであろうか。こうした途上国の中間層に関してざっと調査してみると、「条件次第」アプローチをサポートする証拠のほうが多く上がってくる。こうした調査からは、中間層が民主主義に対してもつ志向性は千差万別であることがわかる。特定の国の中間層が民主主義や民主化を支持する一方、他の諸国の中間層は独裁的政権（または独裁者）を支持していたことがあること、また同じ国のなかでも時期によって中間層の民主主義に対する姿勢が違ってくることがわかる。

東アジア、東南アジアでは、中間層の民主化と民主主義に対するスタンスには、かなり相反するものが含まれている（たとえば、Koo 1991; Brown and Jones 1995; Jones 1998; Bertrand 1998; Englehart 2003; Kimura 2003; So 2004 など）。この地域の中間層は、過去数十年間にわたり国家主導の経済成長の主たる受益集団であり続けてきたので、独裁政権の継続と安定に既得権を有していた（Bell 1998）。シンガポールでは、中間層の大多数は、自分たちの物理的ニーズを満たしてくれる限り、非民主的な政府を受け入れていた（Lam 1999; Rodan 1993）。また、マレーシアでも、躍進を続ける中間層、なかでもマレー系市民は、独裁色を強めていく政権を積極的に支持する者と、政治的に無関心である者に分かれた（Bell 1998; Jones 1998; Torii 2003）。インドネシアでは、新興中間層は、現状維持の側にしっかりと立っていた（Bell 1998; Jones 1998）。タイの新興中間層も、他の東南アジア諸国の中間層と同様、民主主義に対して賛否相半ばするスタンスを示していた（Englehard 2003）。新たに民主的政体の登場した台湾や韓国においてすら、新興の中間層は民主主義に対して相反する感情をもっていることが多く、自分たちの利害が国家エリート集団と結びついている場合が多かったため、民主化の促進にはほとんど手を貸してこなかった（Brown and Jones 1995; Lu 1991; Jones 1998; Hsiao 2010; Han 2010）。一方、労働者階層、とくに韓国の労働者階層は、国の民主化に対して決定的な役割を果たした（たとえば、Rueschemeyer et al. 1992, p.294 などを参照）。

世界第二の巨大開発途上国インドでは、中間層の「民主主義の原則に対するコミットメントは弱く」（Gupta 2000, p.10）、最大限好意的に評価したとしても、相反する姿勢をもっているといえる程度である。この国の新興中間層は、「自由と独裁、平等と階層社会をすべて同時に支持」しているといわれている（たとえば、Baviskar and Ray 2011, p.6 などを参照）。経済改革の時代には、インド中間層のメンバーの多くは「インドには独裁者が必要だ」として、既存の民主主義に背を向けるようなこともした。とくに「政治家や国家が自分たちの利益に適った行動をとっておらず」（Fernandes 2004, p.186-187）、自分たちの特権的立場が下層階層によって脅かされていると感じた場合に、この傾向が顕著であった（たとえば、Baviskar and Ray 2011 など）。にもかかわらず、リーラ・フェルナンデスが指摘しているように、国家は依然として、インドの新興中間層の政治姿勢や行動をかたち作るうえで「重要な役割」を果たしていたのだ。

中南米諸国でも、中間層は「民主主義に関して、多くの場合、相反する姿勢を見せていた」

（たとえば、Rueschemeyer et al. 1992, p.167など）。ディートリッヒ・ルーシェメイヤーとその共同研究チームが指摘しているように「中間層の民主主義に対する互いに相反する姿勢は、限定的民主主義を頻繁に受容する態度や、クーデターによる民主的政権の転覆を繰り返し支持する態度に明確に表れている」（Rueschemeyer et al. 1992, p.222）。たとえば、一九七〇年代のブラジル、アルゼンチンをはじめとする中南米諸国では、中間層が上層階層の特定集団や軍部と結託し、最終的には独裁政権の登場を手助けした現象が見られた（たとえば、Rueschemeyer et al. 1992; Owensby 1999などを参照）。これらの研究者によると、中南米諸国の中間層内に見られる民主主義に対する相反する姿勢、ないしは不確定な志向性は、各政府がとった経済発展戦略や、中間層の自己利益、中間層が手を結び得る政治的結託者の質、社会的序列や特定集団に対する便益供与に対する文化的受容、さらには後発工業諸国における国家の役割などに起因するという。後発工業諸国においては、先発工業化諸国の場合に比べ、新しい社会階層の誕生やその階層の政治的結託形成において、国家がはるかに大きな比重を占めていた。

要約すると、開発途上諸国の中間層の調査では、民主主義や民主化に対する中間層の姿勢や行動は、地理的違いや時間的違いによって、明らかに差が発生する。こうした大きな差は明らかに、中間層の民主化や民主主義に対する姿勢が状況次第であることに発している。より重要なのは、この中間層の姿勢を左右する条件が、開発途上諸国（もしくは、本章で後ほど定義する後発国ならびに後発工業国）特有の主要社会経済的、政治的状況に起因していると思われることだ。こうした条件、もしくは要因の一つに、こうした諸国の社会経済的大転換の時期において、新興中間層や新起業家、新労働者階層などを創出し、形成するうえで国家が果たした大きな役割がある。発展途上国における国家の突出して大きな役割は、国家主導の経済発展国家戦略というかたちをとることが多い。一例をあげると、輸入代替型工業化（ＩＳＩ）をとるか、輸出主導型工業化（ＥＬＩ）をとるかは、新興中間層と国家の間の関係に大きな影響を及ぼし、ひいては中間層の民主主義や民主化（ならびに既存の政治体制）に対する姿勢にも影響を与える。この種の中間層と国家の間の関係は、すでに調査ずみの東アジア、東南アジア、南アジア、さらには中南米の開発途上国のほとんどすべてで見られるという印象だ。

中間層の民主化と民主主義に対する志向性に影響を与える、もう一つの重大要素は、中間層の自己利益が、現政権の姿勢と自分たち自身の経済状況に応じて、常に変化するという点である。前述のとおり、インドの中間層の多くは、現政権の公共政策は民主的手続きを経て形成されたものであるにもかかわらず、自分たちの自己利益に否定的な影響を及ぼすと認識し、既存の民主主義的制度に対して背を向けたという事例がある（たとえば、Fernandes 2004; Baviskar and Ray

2011など)。中南米諸国の中間層も、政治権力への参入や経済的繁栄など、自らの社会政治的、社会経済的利害を保護するためだけに、折にふれ上層階層やクーデター直後の暫定軍事政権と結託し、独裁政権を支持してきた(たとえば、Rueschemeyer et al. 1991 chapter 5など)。

開発途上諸国(もしくは後発工業諸国)における中間層の、民主化や民主主義に対する姿勢・行動に関する調査結果をもとに考えると、中国のような独裁政権下の開発途上国における中間層の、民主主義に対するスタンスを説明する理論的枠組みとしては、「条件次第」アプローチのほうがより適切で妥当なアプローチであると結論づけることができそうである。さらに、中国における民主化に対する中間層の支持に関する今回の研究成果は、中国が以前に調査された他の開発途上諸国と多くの社会政治的、社会経済的共通点、たとえば世界経済における後発工業国という位置や社会経済的変換における国家の大きな役割などを共有しているので、中国以外の途上国に関しても重要な含意をもつ可能性がある。他方、今回の比較調査は、開発途上世界の民主主義と民主化に対する中間層の志向性の研究にとって、「中間層の成長は民主主義に対する圧力を生み出す」と論ずる「単線的」アプローチは、「せいぜいのところ根拠薄弱」(Bertrand 1998, p.356)だということを示唆している。

3 分析的枠組み

中国は、単に開発途上国であるのみならず、唯一の合法政党〔★6〕である中国共産党が依然として社会を大きくコントロールしているレーニン主義独裁国家でもある。中国共産党が指導する国家は、過去三〇年間、この国が経験してきた驚異的な経済的変革において圧倒的な役割を果たしてきた。中国の現在の社会経済的、社会政治的状況という根源的特性により、新興中間層をはじめとする新しい社会階層を創出し、かたち作るうえで国家が決定的役割を果たすことが可能となっている。したがって、上述の「条件次第」アプローチに従えば、中国の新興中間層は、その台頭や成長に関して国家に多くを負い、かつ国家と共通価値を共有していると想定することができる。

この想定に基づき、本研究で使用する分析的枠組みは、「条件次第」アプローチから導き出されたものであり、かつ関連性のある二つの理論的伝統からも影響を受けたものである。二つの理論的伝統とは、後発性説（たとえば、Gerschenkron 1962 などを参照）と、国家中心主義パラダイム（たとえば、Evans, Rueschemeyer, and Skocpol 1985; Evans 1995 などを参照）である。こうした理論的伝統、なかでも国家中心主義パラダイムは、これまでにもさまざまな批判［★7］を受けてきたものの、双方ともに発展途上諸国の経済、政治発展に関するさまざまな研究に引き続き応用されてきている［★8］。

ここでは、二つの理論的伝統に関する論争を詳述する代わりに、これらから、後発国という文脈のなかで中間層の民主主義の支持に関する研究に有用な洞察を借用することにする。

国家と後発国

アレクサンダー・ガーシェンクロンは、その独創的エッセイ集『歴史的観点から見た経済的後進性』(*Economic Backwardness in Historical Perspective*) (Gerschenkron 1962) のなかで、はじめに「後発国」の経済発展という重要な概念を打ち立てたが、この概念は、社会科学者が、現在の開発途上諸国における社会経済的発展を理解するうえで、きわめて有用なものになった。ガーシェンクロンによれば、「後発国」とは、全世界的な開発の波がすでにトップギアに入った段階で、工業化レースに参入した諸国を指す。したがって、経済発展が欧米では急速に進み、すでに成熟段階に入った後に経済発展のプロセスを開始した中国や新興工業化諸国も、後発国だとみなすことができる。さらに、こうした後発国は、先発工業化諸国が経済発展の初期段階で活用した

「自発的」モデルに従っていないとも論じられている(Kohli 2004, p. 8)。なかでもガーシェンクロンは、先進諸国の歴史が「(現状況下では)開発の遅れている諸国の発展のための道筋を描いた」とする近代化理論[★9]に明確に異論を唱えている(Gerschenkron 1962, p.6)。ガーシェンクロンは、後発国の経済発展は「自らの後発性そのもののおかげで」先発工業化諸国の経済発展とは根本的に異なったものになると説く(Gerschenkron 1962, p.7)。

社会経済的「後進性」ゆえに、後発国は先発工業化諸国が経験しなかったような課題に直面している。その課題は、少なくとも二つの主要開発分野で台頭している。まず、後発国は、主要な経済発展プログラムに着手する段階で、資本や熟練労働力、先進技術を欠いている(Kohli 2004も参照)。加えてパケナムが指摘しているように、後発国はおしなべて、国際的役割分担において不利な立場に押し込められるような、非常に独特な国際経済状況に直面している(Packenham 1992)[★10]。第二に、先発工業化諸国にこれ以上遅れをとらないため、あるいは発展の機会を完全に見逃さないため、後発国は、社会経済的後進性や不利な状況を、先発工業化諸国が同様の障害を克服するために要した時間よりも短い期間で、克服しなければならない。

後発国特有の課題に鑑み、ガーシェンクロンは、こうした諸国における国家は、先発工業化諸国の国家が社会経済開発過程で果たした役割よりも重要な役割を果たすのが通常だと論じている(Gerschenkron 1992)。これは主に、後発国が時間的制約のもとで課題に効果的に対処するには、強い国家を必要とするからである。たとえば、後発国は限られた時間内に先進諸国に追いつき、競合できるようになるための資本や企業家、技術力に決定的に欠けているため、これを補うためには国の資源をプールし、国内の人口を総動員できる強い国家が求められる。開発の過程で、前代未聞の厳しい国際経済競争と対処するための戦略を設計し、調整するためにも、強い国家が必要となる。したがって、ヴィヴェック・チッバーが簡潔に要約しているとおり(Chibber 2003, p.13)、

後発性という現象には(中略)、典型的に重要な役割を果たす国家がついてまわる。このことはもちろん、たとえばドイツや日本のように、先行する競争相手に追いつこうと努めた現在の先進国集団諸国についてもいえるが、アルバート・ハーシュマンが「後発工業諸国」(late late developers)と呼ぶ、第二次世界大戦後に開発計画プログラムを実施した現在の南側諸国全般について、より顕著に表れている。

国家の能力

後発国における国家の役割に関するガーシェンクロンの議論は、国家を再び政治分析の中央に据えようとする国家中心主義の研究者たち（たとえば、Evans et al. 1985; Evans 1995 など）によって、より内容の濃いものにされ、開発途上諸国における国家に関する研究に応用されてきている。こうした研究者たちによる国家の自律性や能力に関する研究は、ガーシェンクロンの国家の役割に関する独自の議論の核心と整合しており、現在の開発途上世界における国家の役割を理解するうえで役立っている。

国家の自律性に関して、現在の国家中心主義的分析は、ガーシェンクロンの強い国家が好ましいという議論を、実質的には国家固有の自律性の議論にまで発展させているといえよう。テダ・スコッポルが述べているように「領土とその住民を支配している組織として認識される国家には、単に、そのなかの社会集団や階層、社会などからの要求や利益を反映しただけではない目標を設定し、追求することがあり得る」（Skocpol 1985, p.9）。この種の自律性は、ただ単に危機時や大規模な社会経済的変換の際の「管理と秩序を維持するための基本的ニーズ」にのみ起因するものではない。大きな社会経済変動が起こるときには、社会のさまざまな勢力から比較的影響を受けることの少ない国家官僚という組織的まとまりをもつ集団だけが、独自の国家戦略を展開できる可能性が高いということも、国家の自律性に結びついている。「同様に、国家官僚の集団は、長い期間、比較的継続的に行動して、既存の公共政策に独自の方向性を与える可能性もある」(Skocpol 1985, p.9)。今日の国家中心主義の研究者たちは、主要社会経済的変革における強い国家の必要性を説くガーシェンクロンの議論に、国家の自律性という考え方を発展させることによって、実証的、理論的支持を提供した。こうした研究者たちは、後発国の国家は、ガーシェンクロンが論じるように、ただ単にその国の社会、経済、政治のすべてのあり方において積極的で、決定的な役割を果たすべきであるのみならず、構造的自律性のゆえに、こうした役割を果たすことが可能になってもいると示唆している。

それが何であれ、自らが追求する目標を実現する国家の能力についていえば、今日の国家中心主義研究者たちは、そうした能力のもとになっている資源や、規格、強度などに関して有用な洞察を提供してくれている(たとえば、Skocpol 1985; Amsden 1985; Katzenstein 1985; Tilly 1985; Stepan 1985; Rueschemeyer and Evans 1985; Evans 1995 など)。国家能力のあらゆる源泉のなかで、上記の研究者たちはとくに、財政的能力と組織力に注目する。これは、スコッポル指摘のとおり、国家のコントロール下にある財務資源は、国家に「人員を雇用したり、政治的支持者を取り込んだり、経済的計画を助成したり、社会プログラムに資金提供したり」するような、さまざまな基本的作業を実施させるための重要な物質的基盤として機能するからである(Skocpol 1985, p.17)。組織的資源とは、国家機構の内側にある一連の、結合力のある「組織的配置」のことを指すと思われ、これらの組み合わせがいっしょになって政治文化に影響を及ぼし、特定の種類の集団形成や集団的政治行動を奨励し(ただしそれ以外の集団や行動は認めない)、特定の政治的課題の提起を可能にし(ただしそれ以外の課題については認めない)(Skocpol 1985, p.21)、社会経済的変革(ないしは改革)に効果的に手を差し伸べ、これを調整するものと考えられている(Rueschemeyer and Evans 1985)。

現在の国家中心主義のアプローチによれば、国家の能力は二つの尺度に沿って検討し、計測できる(Chibber 2003, p.7 参照)。一つは国家政策を形成し、実施していく戦略的行動主体としての国家の結合度であり(Evans 1995)、もう一つは国家目標を達成するために全社会勢力を動員し、これを導く国家の能力である(Amsden 1989)。要するに、この二つを併せると政策を立案しこれを実施するとともに、社会内の社会経済的、政治的勢力をコントロールする国家の能力の指標となるということになる。したがって、国家がその役割を果たした結果は、ほとんどの場合、これら二つの国家の能力に関する尺度で推し量ることができるようだ。

国家能力の強度に関していえば、現在の国家中心主義研究者たちは社会経済的、政治的日常のさまざまな分野に、国家が効果を及ぼすうえでの有効性に注目する。この有効性は、国家が社会へ介入する具体的な影響度で測られることが多い。加えてこうした研究者の有効性の分析に関しては、二つの別個ながら相互に補完的な傾向が見られる。国内の多様な政策分野に対する国家組織の介入の有効性の差に注目する研究者(たとえば、Rueschemeyer and Evans 1985; Skocpol 1985 など)がいる一方、国境をまたいだ主要な社会経済的変革に対する国家介入の有効性を比較して対照することを強調する研究者もいる(たとえば、Wade 1990; Woo-Cumings 1999; Chibber 2003; Kohli 2004 など)。後者は、効果的国家介入こそが、とくに東アジアの一部の国々で急速な経済発展を可能ならしめた鍵だったと見ている。たとえば、韓国や台湾の政府は、価格構造や国内経済のみならず、国際貿易や通貨交換率にまで効果的に介入してきており(Luedde-Neurath 1988; White and Wade 1988; Amsden 1989)、さらに民間投資の構造を方向づけるうえでも積極的に動いてきたことを指摘する研究者もいる(Wade 1990)。

これらを総合すると、ガーシェンクロンの後発国という概念と、今日の国家中心主義アプローチが相まって、本書で今後分析を展開するための理論的土台を生み出しているといえる。端的にいえば、この理論的土台が後発国の社会経済状況と、主要な社会経済的変革に対する国家介入の程度の間を関係づける。つまり、後発国の社会経済状況は、急速な経済発展を模索するなかで国家の強力な役割を必要とするので、国家の自律性と能力が国家が、こうした強力な役割を果たすのを後押ししていると見ることができる。この概念的なコネクションは、中国で国家が強力な役割を果たしていることと多くの面で符丁が合うので、本研究にとっても非常に有用なものだといえる。後発国の典型的なハンディキャップと渡り合うためには、中国政府は、ポスト毛時代の先例のない社会経済的変換を導いていくために、強力な役割を果たす必要がある。さらに、中国政府は高レベルの自律性と能力を享受しており、変換を開始して導いていくうえで、強力で前向きなリーダーシップを積極的に発揮できている。

ほかの多くの開発途上諸国の国家に比べて、中国の国家は、社会に浸透する能力全般に長け、経済的転換を指導する能力が高いという点は、銘記に値する。前述の国家中心主義の観点からいえば、こうした能力は主として次の二つの源泉から来るものと思われる。一つは国家による国の財務資源の管理であり、もう一つは国家の一枚岩的な組織的形態である。そのうち、後者は単一のレーニン主義政党である中国共産党により創出され、管理されてきている。加えて、ピーター・エヴァンスが指摘しているように、「国家が介入する能力、もしくはその能力の欠如を説明しようとすれば、どうしても官僚機構の歴史的性格も考慮に入れる必要がある」(Evans 1985, p.59)。このように、中国共産党下の半世紀を超える全体主義的、独裁的支配が、中国社会における国家のかくも強大な役割と支配をも強化してきたのだ。

社会階層の創出と形成における国家の役割

発展途上諸国における社会階層のアナリストのなかには、発展途上国の国家は、経済的、政治的活動のさまざまな分野に積極的かつ効果的に介入することにより、新規の企業家階層や新興中間層など、社会階層の創出にも決定的な役割を果たしており、こうした階層の社会経済的、政治的特性をかたち作っていると論じる研究者がいる(Pearson 1997; Bell 1998; Jones 1998; Shin 1999; Bellin 2000, 2002; Chibber 2003; Dickson 2003, 2008; Tsai 2005, 2006; Zhou 2004)。デール・ジョンソンは、次のように述べている(Johnson 1985 p.15)。

発展の遅れている社会では、税か、政府がそれ以外の方法で調達することのできる資源の限界まで、国家が大きくなる傾向がある。(中略)これには、部分的には地元資本家という階層が弱いか、もしくはほとんどまったく存在していないという状態を国家の過大発展によって補っているという側面がある。つまり、国家が、テクノクラートや経営者集団、技術専門集団などを生み出し、実質的に企業家的機能を果たしているのである。

たとえば、第二次世界大戦後の経済発展の初期段階において、韓国政府は自前の資本家階層を育成するためだけではなく、国の経済活動にあって、こうした階層に規律を守らせるために、各種の政府機関を設立した（Chibber 2003）。台湾国家は、第二次世界大戦後の経済転換の初期段階に、ただひたすら国内私営企業家階層を創出し、育成することを目的に一連の政策を実施したが、これはそうした階層がそれまでほとんどまったく存在していなかったからである。国家中心主義研究者にいわせれば、要は次のようになる（Evans et al. 1985, p.253）。

国家の組織機構や経済、社会活動への既存の国家介入パターン、ならびにすでに施行中の政策のすべてが、政治が追い求める（社会階層の）利益に影響を与える。（中略）集団のなかには、グループとしてのアイデンティティが活性化されるものもあれば、活性化されないものもある。

特定の理論路線をたどって、発展途上諸国の新興社会階層は、その台頭と成長に関して国家に依存しているだけではなく、継続的経済成長や社会政治的安定（ないしは秩序）といった利益を、国家と共有しているとする研究者もいる。したがって、発展途上諸国のこうした新しい社会階層は、国家や国家によって認可された政治システムを支持する可能性が高い（たとえば、

Pearson 1997; Bell 1998; Jones 1998; Shin 1999; Bellin 2000, 2002; Dickson 2003; Tsai 2005, 2006 など)。今回の研究にとってより意味深いのは、中国の政治変動における新興私営企業家階層の役割を研究したチームが、これらの階層は国家と、国家との協調関係に依存しているので、現行の中国共産党国家を支持する傾向があり、既存の非民主的な政治制度を政治的に変換することに賛同する可能性が少ないとの結論に達したことである(Pearson 1997; Dickson 2003; Tsai 2005, 2006)。

発展途上諸国の民主化における中間層の役割

発展途上国の中間層の政治的志向性は、どのような傾向をもつのだろうか。より具体的には、発展途上国の中間層は民主的に思考し、行動するのだろうか。ガーシェンクロンの後発国に関する観察と、今日の国家中心主義パラダイムに立脚すると、急激な経済的転換と工業化の過程にある発展途上諸国では、国内私営企業家と並んで、新興中間層も含む新興社会階層を創出し、かたち作っていくうえで、国家が決定的に重要な役割を果たすことを強調したい衝動に駆られる。前述の新興私営企業家群の場合と同様、発展途上諸国の新興中間層は、その台頭や成長に関して国家に依存しているのみならず、すでに述べたように、共通の価値も共有している。したがって、発展途上諸国では、中間層は、国家と国家が認可した政治制度を支持する可能性が高いといわれている。そこから派生して、ある国で政治制度が非民主的であった場合、その国の中間層は国家との対立を避けるために、民主化には背を向ける傾向があるといえる(Bell 1998; Brown and Jones 1995; Englehart 2003; Jones 1998; Shin 1999)。

発展途上諸国における民主化に対する中間層の役割に関する議論は、先に簡単に述べたとおり、東アジアや東南アジア、南アジア、中南米の開発途上諸国における中間層に関する実証研究から得られた証拠にも下支えされている。これまでのところ、こうした実証研究は、非民主的な開発途上諸国における中間層の役割に関する理論的議論を支持するような実証的証拠を提供してきている[★11]。開発途上諸国から得られた証拠に基づき、実証的研究の大半は、国家が中間層を創出し、かたち作るうえでより積極的な役割を果たすのは、先発工業化諸国においてよりも発展途上諸国世界のほうだと示唆しているように思える。発展途上諸国の中間層は「反自由主義的」で「反民主的」であり、さらに発展期における自らの存続と繁栄に関し、国家の力に依存しているため、全般に独裁的支配の強化を支持する傾向にある(Bellin 2000, 2002; Bell 1998; Brown and Jones 1995; Englehart 2003; Johnson 1985; Jones 1998)。この見方は、少なくともこうした国では、中間層が人口の大半を占めるようになっても、この階層が民主主義に向けての劇的な政治変動を好まないであろうことを示唆している。これは、そうした変動が現在の非民主的政権を転覆させ、自分たちの存続と繁栄に悪影響が及ぶようになる危険性があるからである。したがって、ダイアン・デイヴィスが結論づけているように「国家が経済発展をジャンプスタートさせたり、方向づけしたりする必要のあるような環境では、民主主義は捉えにくいものであり続けるというのが一般的感覚である」(Davis 2004, p.345)。

要するに、本章冒頭で紹介した「条件次第」アプローチをとり、ガーシェンクロンの後発性概念と、今日の国家中心主義パラダイムから得られる理論的洞察に依拠すれば、中国では新興中間層の社会政治的志向性をかたち作るうえで国家が死活的に重要な役割を果たし、同時に中間層の社会政治的志向性は、個人レベル(たとえば、社会的、経済的に成功しているという自己認識や中国共産党への入党など)、全社会レベル(たとえば、地方経済発展のレベルや速度など)の双方における他の重要な社会経済的、社会政治的状況によって異なってくると考えることができる。さらに、中間層の姿勢や志向性は、この階層の政治行動(たとえば、地方選挙への参加や政府への陳情など)にも大きな影響を及ぼすと想定してもよいと思われる。こうした前提に立ち、以下の三つの主要命題を引き出すことができる。

(1) 他の社会階層、とりわけ下層階層(国家主導のポスト毛改革期に、一党独裁国家から十分な支援と恩恵をうけることがなかった階層）と比較して、中国の新興中間層、とくに国家部門に雇用されている中間層構成員は、国家に直接挑戦を突きつける民主化を支持する傾向よりも、現行の一党独裁国家を支持する傾向が強い。

(2) 新興中間層の民主主義と現行の一党独裁国家に対する姿勢は、政情不安へのおそれや政府政策の評価、さらに国内の他の社会階層から脅威を受けているという思い込みなど、さまざまな要素があるなかで、この階層の国家との緊密な観念的、制度的結びつきにも原因を求めることができる。

(3) 中間層の民主主義に対する支持が欠如していることから、この社会階層は現国家を支持する行動をとり、民主的変動に反抗する傾向がある。

以下のページでは、こうした三つの仮説（もしくは命題）を、確率標本抽出調査や詳細聞き取り調査から集められたデータと照らして検証する。実施した調査については次節で詳述する。

4 データ

本書で使うデータは、確率標本抽出調査と、二〇〇七年末および二〇〇八年初頭に、北京、成都、西安の中国主要三都市で実施した一連の詳細聞き取り調査(巻末付録参照)から得られたものである。調査を実施した二一世紀最初の一〇年間の中頃における中国の全般的な社会政治的環境は、いくつかの重要な展開に特徴づけられる。悪化の一歩をたどる社会経済的格差と、はびこる汚職に対する人民の不満を静めるため、胡錦濤を総書記とする中国共産党の第四世代が、「調和のとれた社会の実現を目指す」(中国語では「構建和諧社会」)べく採用したポピュリスト的政策がその一つである。さらに、中央政府による私的財産の法的、憲法的保護強化が見られたが、私的財産は正統マルキシズムが究極的には排除するとしている。加えて、私営企業家にこれまで以上の経済的自由を与える反面、社会的安定のために政治的抑圧と一般市民への締めつけを強化するという特徴的動きも見られた。

さらに同時期に都市部で見られた重要な社会政治的状況を、いくつかあげておく必要があると思われる。たとえば、持ち家を所有する都市人口が増大する一方、家主と不動産開発業者の間のトラブルが頻発することになり、激化したこと（Cai 2005）。また、多くの都市居住区が「社区居民委員会」という名で知られる新しい草の根統治システムに組み込まれていったこと。この社区居民委員会は、その前身たる居民委員会に比べて、より民主的に組織、運営されるはずのものであった（Derleth and Koldyk 2004）。より重要な変化として、国内主要都市で、地区レベルの地方人民代表大会の人民代表選挙が、確率標本抽出調査と詳細聞き取り調査実施の約一年前に実施されたばかりだったので、この選挙にどう関与したか（もしくは関与しなかったか）が調査対象の人々の記憶に新しかったこともあげておくべきだろう［★12］。

上記の状況や変化のすべてが、われわれの調査や詳細聞き取りが実施された段階における、全国的、地方的社会政治状況の底流となっていた。以下、われわれの行った調査と詳細聞き取りの主要手続きや構成要因、ならびにこうした調査から手に入ったデータの一般化の可能性を論ずる。

代表標本抽出調査と詳細聞き取り

本調査は、北京社会科学院（BASS）と中国政法大学の協力を得て、北京、成都、西安の三都市で実施された。この三都市が選ばれたのは、それぞれが調査時期の中国都市部の三つの異なる発展段階を代表する都市であったからである。北京は、人口一人当たりのＧＤＰが七〇〇〇ドルを超す、中国国内主要都市のなかでももっとも発展した都市であった。成都は一人当たりのＧＤＰが四〇〇〇ドル程度の中程度に発展した都市、西安は同じく二〇〇〇ドル程度の三都市のなかではもっとも発展の度合いの低い都市であった。

調査は、三都市それぞれの、無作為に抽出された一八歳以上の一般都市住民の確率標本を土台としている。この確率標本は、多段階抽出法によって抽出した。標本抽出の最初の段階では、三つの都市それぞれから三つの地区（中国語では「区」）を無作為に選んだ。北京市からは東城区、海淀区、朝陽区、成都市からは青羊区、成華区、武候区、西安市からは蓮湖区、新城区、碑林区が選ばれた。標本抽出の第二段階では、各都市の三地区からそれぞれ四つの通り（中国語では「街道」）、計一二街道が選ばれた[★13]。第三段階では、この一二の街道それぞれから居住区（中国語では「社区」）を三つずつ無作為に選び出し、三つの都市のそれぞれから計四八の居住区が選ばれた。次に、各都市の四八居住区から、確率比例抜き取り法（ＰＰＳ）を用いて、各都市合計一二〇〇世帯を無作為に選び出した。この段階で、研究チームは選ばれた居住区のある役場（中国語では「街道辦事処」）から、それぞれの居住区の戸籍簿を入手した。上記のプロセスを経て、三つの都市から合計三六〇〇世帯が抽出された。標本抽出の最終段階では、この三六〇〇世帯のそれぞれから聞き取り調査を行う対象の個人を無作為に選び出した。本調査の有効回答率は八八％（対象とした三六〇〇人のうち、三一六六人が実際に質問票に記入してくれた）であった。調査に参加してくれた回答者三一六六人のうち、二三％に当たる七三九人が、第二章で解説する基準に照らして、中間層に属するとわかった。

詳細聞き取り調査は、上記三都市で、二〇〇八年三月と四月にかけ、二三三人の住民を対象に実施された（巻末付録参照）。この聞き取りの調査対象は、政府、民間の双方に雇用されている中間層構成員を含む、都市人口のさまざまなセグメントの声が代弁されるように意図的に選ばれた。確率標本抽出調査の結果からニュアンスに富んだ説明を引き出すために、研究チームは確率標本抽出調査でも扱われたいくつかの重要な課題について、より深く考えてもらうよう詳細聞き取り調査回答者に依頼した。平均して、各聞き取り調査は二時間あまりを要した。

確率標本抽出調査と詳細聞き取り調査の双方において、言語的誤解釈やレスポンデント条件づけを最小限に止めるべく、細心の注意を払った。質問票のもともとの内容や文言は、最初は当時米国にいた本著者が作成したが、これを北京社会科学院の研究員たちが中国の社会的、文化的文脈に見合うよう見直し、無理のない中国語に翻訳してくれた。実際の調査に携わる前に、本プロジェクトのメンバーからフィールドインタビュー技術の訓練を受けた新聞学、社会学を学ぶ大学生を、確率標本抽出調査と詳細聞き取り調査の双方で、現地インタビュー要員として雇った。調査の回答者や聞き取り調査の聞き取り対象者には、他者には知られないようにアプローチし、本人の本当の気持ちに一番近い回答を提供するよう、強く要請した。

調査データの一般化可能性

十分に準備されて実施されたすべての世論調査と同様、本研究のなかで実施された三都市調査からは叙述的成果と相関的成果の双方が得られた[★14]。本書では、その両方を紹介する。両方とも、中国の民主化における中間層の役割に関する研究に対し、少なくとも二つの重要な総合的教訓を提示している。まず第一に、たとえば回答者の間に見られた民主化や民主主義への支持の程度に関するものなど、調査の叙述的成果は国全体には直接適用できないが、国内の他の地域から上がってきた観察成果と比較できるような統計的基準線を作成する際に間違いなく役に立つ。さらに、全般的な社会経済状況は、そこに住む人々の政治姿勢にも影響を及ぼすと考えられる。そこで、本研究をもとに作成した統計的基準線は、調査対象に選ばれた三都市が代表する三つの異なる発展レベルにある都市部において、中間層のもつ政治的姿勢や行動に関し、とくに有用であり、さまざまな示唆を与える。

第二に、第一点よりも重要な点であるが、本研究で使用した変数間の関係についての三都市調査は、中国の他地域、なかでも都市部の中間層に関しても、直接的に一般化できるものとなっている。これは、これらの関係のすべてとはいわないまでも、ほとんどが包括的な性質のものであるからである［★15］。本研究で扱った関係としては、主として、①中間層の民主化に対する志向性と一党独裁国家との制度的、精神的結びつきの間の関係、②中間層の民主化支持と中間層の政治行動の間の関係の二つがある。事実、（全国サンプルではなく）国内の複数の地域のサンプルから集めたデータに基づく最近の実証研究のなかには、中国の都市部、農村部の両方における社会政治変数間関係のパターンに関して、洞察に満ち、かつ一般化可能な推論を導き出したものがある［★16］。メラニー・マニオンは、現代中国研究における地域サンプル（単一地域であれ、複数の地域であれ）から得られたデータの一般化可能性に関し、「地域サンプルから得られたデータは、変数間の関係という非常に重要なカテゴリーの疑問に対し、当該地域を越えた集団全体に一般化することが可能な信頼のおける答えを生み出すことができる」と論じている（Manion 1994, p.747）。

要するに、われわれの確率標本抽出調査から得られた叙述的成果は、三つの異なった経済発展段階にある都市部の中間層市民の政治姿勢や行動に関する統計的基準線を確立するうえで有用であると同時に、同調査から得られた相関的成果も、政治姿勢や行動における多種多様な社会政治的、社会経済的相関現象を説明するために、三都市を超えて直接一般化することができるということだ。本調査から得られたデータは、中間層における民主主義支持の程度、原因、ならびに行動的帰結の理解に対して、広範な含意をもつ。

5 本書の大要

まず、第二章では、中国の中間層の定義とその正体と進化を分析する。中間層の定義に関し、よく使用される二つの理論的アプローチ、すなわち客観的アプローチと主観的アプローチを振り返り、比較検討する。現代中国というユニークな社会経済的文脈、つまり急速に、しかし地域間格差を生むようなかたちで経済発展を続けている中国という文脈のなかでの新興中間層にとって、この二つのアプローチのうち、どちらがふさわしいのかを見極める。こうして決定したアプローチに基づき、新興中間層を特定の職業で規定し、中国都市部における中間層のサイズに光を当てる。中間層を特定したうえで、現代中国のポスト毛時代の未曾有の国家主導型社会経済的変換期に、中国の一党独裁国家が中間層という新しい社会階層を創出し、その社会政治的特徴をかたち作るうえで果たした役割を明らかにする。こうした分析はすべて、次の三つの重要な疑問に答えることを意図して実施する。第一に、現代中国では近代的基準に従えば、いったいだれが中間層なのか。第二に、他の社会階層と比較して中間層の社会経済的、社会政治的地位はどのようなものか。第三に、一党独裁国家は、どのようにしてこの社会階層を作り上げ、かたち作ってきたのか。

第三章は、中間層は、民主主義をどの程度支持しているか、中国共産党政権をどの程度支持しているかの検討に充てられる。章の前半では、中国と中国以外の国を舞台とした研究で使用されたさまざまな尺度の結果を踏まえ、どのように民主主義支持の実証的尺度を設計したかを解説する。本研究のために設計された尺度を使い、今回の調査での中間層の回答者が、どの程度民主主義を支持しているかを測り、そのうえで、これが重要なのだが、結果を中間層以外の回答者の民主主義支持と比較する。この実証的証拠をもとに、先に紹介した命題の一つを探求する。すなわち他の社会階層、とくにポスト毛改革において一党独裁国家から恩恵を受けることの少なかった下層階層と比較して、中国の新興中間層(そのなかでもとくに国営の機関に雇用されている構成員)は、現在の一党独裁国家を直接脅かす可能性のある民主化に向けての政治変動に対する支持の度合いが低い傾向があるという命題である。同時に、中間層の二つの下位集団、公共機関や国有企業に雇用されている中間層と、民間部門に雇用されている中間層の間に、民主主義に対する支持の度合いに違いがあるかどうかも検証する。

第三章の後半では、中国共産党が主導する現在の中国政府に対する中国中間層の支持の度合いを検証する。中間層の政府支持は、同階層の民主主義と民主化への支持と緊密に関連していると想定される。本研究で使用する政府支持の尺度は、以前に実施された中国と中国以外の双方における「政治的支持」(Easton 1965 参照)に関する複数の実証研究をもとに、体系的に作られたものである。この尺度を使い、今回の三都市調査で見られた中間層の回答者の中国共産党主導政府支持の強さを、中間層以外の回答者の支持の強さとの比較で評価する。政府支持に関する実証的調査結果に基づき、今度は先に紹介した命題の二つ目、すなわち下層階層と比較して中国の新興中間層、とくに公共機関や国有企業に雇用されている中間層は、中国共産党主導の現在の政治体制を支持する度合いが強いという命題を検証する。さらに、中間層の回答者の政府支持と民主主義支持の間の相関関係も検討する。

この章は、本研究の次の三つの疑問に答える。一つ目は、中国の中間層は、民主主義と民主化を支持しているか。二つ目は、他の社会階層、とりわけ下層階層と比べ、中国の新興中間層は、どれほど強く民主主義と現在の一党独裁政府を支持しているか。最後に、中間層の一党独裁国家支持は、民主主義支持に影響を及ぼしているか、の三つである。

第四章は、中間層の民主主義支持の社会政治的、社会経済的源泉の検討に充てられる。本第一章で先に紹介した「条件次第」アプローチに従い、あらかじめ、中国の中間層の政治的志向性は、主としてこの階層の国家との結びつきによってかたち作られるのではないかという仮説が立てられている。この仮説を検証すべく、この結びつきの二つの次元、すなわち制度的結びつきと観念的結びつきの二つの次元に検討を加える。制度的結びつきの度合いは、中間層構成員の中国共産党入党状況と公的部門での雇用を使って測り、観念的結びつきは、中国共産党主導政府が打ち出す価値や規範に対する中間層メンバーの信奉の度合いで計測する。同時に、中間層の社会人口統計学的属性や、社会経済的成功の自覚などの他の重要変数が、この階層の民主主義に対する姿勢に与えている効果についても検討を加える。第四章では、今後の中国の政治変動における中間層の役割を理解するうえで、もっとも重要だと思われる疑問の一つ、すなわち中間層は中国の民主化に向けての政治変動を支持するか否かを扱う。

中間層の民主主義支持の行動的帰結が、第五章の分析の中心になる。この問題の分析が重要なのは、この行動的帰結が中国の政治制度の将来と、現代中国の一党独裁国家の維持可能性に、直接的に影響を及ぼすからである。まず、都市部居住の中間層市民の政治参加の形態と、参加の度合いを検討する。次に、中間層の民主主義に対する姿勢が、それぞれの個人の政治参加と政治行動にどのように異なった影響を及ぼすかを詳細に検討する。この問題に関して得られた発見は、三つの命題の最後、中間層の間での民主主義支持の低さは現独裁政権を支持し、民主化に向けての変動に反対するという行動にこの階層を導く傾向があるという命題を検証するうえで、有用になるはずだ。第五章は、中間層の民主主義に対する姿勢は、独裁的発展途上国である中国において、中間層市民の政治への参加に影響を及ぼすものなのか、だとすればどのように影響を及ぼすのかという、中間層の政治姿勢の行動的帰結に関するきわめて重要かつ実際的疑問を扱うように設計されている。

最終章の第六章では、中間層の間に見られる民主主義支持の程度、原因、およびその行動的帰結に関し、この研究から得られた主要な実証的発見のすべてに注目を喚起する。そのうえで、こうした成果が中国民主化に向けての中間層の役割に与える影響と、開発途上世界の民主化における中間層の役割に対する理論的含意を論じることとする。

第2章

中国の中間層——その定義と進化

中国の新興中間層の政治的志向性を分析する前に、まず、中間層という社会階層を概念化し、だれがそれに相当するかを特定して、中間層と一党独裁国家との独特な関係に検討を加える必要がある。近代的標準に照らし、現代中国ではだれが中間層なのか。一党独裁国家は、どのようにしてこの社会階層を作り上げ、かたち作ってきたのか。中間層と一党独裁国家との関係はどうなっているのか。本章では、こうした具体的疑問に答えるように努める。まず、中間層を概念化し、だれを指すかを特定する際に欧米で使われる一般的アプローチの見直しから始め、次に中国の中間層の定義と、その操作可能化に対する著者独自のアプローチを展開する。この中国の中間層に関する定義と操作可能化に基づき、中間層の進化過程を検討するが、その際、中間層の一党独裁国家との相互作用に焦点を当てる。

1　現代中国の中間層とはだれか

まず第一に、欧米や、世界のそれ以外の地域における社会政治的発展に関する過去の研究においてさえ、中間層（本研究が定義する中間層と同一か近似）と、私営企業家ないし資本家の間には、明確な区別がつけられていたことを銘記する必要がある。後述するように、この区別には「主観的」につけられたもの（たとえば、Centers 1949; Eulau 1956a, 1956b; Campbell et al. 1960; Lipset 1968; Hayes 1995; Walsh, Jennings, and Stoker 2004 などを参照）と「客観的」につけられたもの（たとえば、Alford 1962; Erikson and Goldthorpe 1992; Lipset 1968; Milbrath 1977; Nie, Powell, and Prewitt 1969; Verba and Nie 1972; Wright 1997 などを参照）がある。これも後述するが、より重要なのは、これら先人たちの研究は、こうした区別が、中間層の政治姿勢や行動に与える決定的に重要な影響についても光を当てようとしていることである。

今回の中国の中間層研究を、一般理論的枠組みと国際比較の文脈のなかでとらえるため、まず、中間層の概念化とその応用に対する一般理論的アプローチに光を当てようと思う。近代的な意味での中間層という社会階層が誕生し、発展していったのは欧米諸国であったため、こうしたアプローチも主として欧米の中間層の研究に端を発するものが多い。

主観的アプローチ対客観的アプローチ

社会政治集団としての中間層の概念化とその操作可能化に関して、欧米諸国の社会には二つの独自の理論的伝統がある。一つは「主観的」アプローチ（たとえば、Centers 1949; Eulau 1956a, 1956b; Campbell et al. 1960; Lipset 1968; Hayes 1995; Walsh et al. 2004 などを参照）であり、もう一つは「客観的」アプローチ（たとえば、Alford 1962; Erikson and Goldthorpe 1992; Lipset 1968; Milbrath 1977; Nie et al. 1969; Verba and Nie 1972; Wright 1997 などを参照）である。主観的アプローチは、「社会階層というものは、心理的愛着心であり、個人の総合的自己概念の一部である」（Walsh et al. 2004, p.470）ので、中間層は特定社会の中間層に自分が属しているという個人の確信ないしは認識に従って識別されると示唆する。

主観的アプローチの起源は、アリストテレスにまで遡ることができる。ハインツ・ユーローは、次のように要約している（Eulau 1956a, p.236-237）。

> （アリストテレスは）階層を、客観的存在というよりは主観的存在ととらえた。彼の考え方に従えば、個人が特定の階層に属するかどうかは、その人の富や収入など何でもかまわないが、物理的特性によって決まるものではないか、少なくともそれが決定的な決定要因にはならない。中間層の人々は、自分たちを下層階層よりは上で、上層階層よりは下に位置すると考えることで、中間層に属する。

主観的社会階層規定の近代における先駆者、リチャード・センタースは、社会階層は「心理的グループ分けであり、階層意識（すなわち集団への帰属感情）と、社会科学者が客観的観点ないし成層化の観点から見て論理的区切り線だと考える線と重なるかどうかは別にして、階層の区別線によって左右されるもの」だと強調している（Centers 1949, p.27）。

ここが重要なポイントだが、このアプローチによれば、そのような特定社会階層への心理的愛着心は、個人の政治姿勢や行動に大きく影響するということになる。たとえば、米国の大衆に関する実証的研究のなかには、自らを中間層と主観的に認識する市民のほうが、労働者階層だと自認する市民よりも、米国の民主主義システム維持に資するような政治姿勢や行動という尺度で高いスコアを示したとするものがいくつか見られる（Eulau 1956a; Walsh et al. 2004）。

他方、客観的アプローチでは、社会政治的階層は、主として所得や教育、職業などの主要な客観的社会経済的指標によって決定されると論じる。このアプローチは、二つの概念的分派からなる。一つは、客観的指標の数量的、累積的特性に重きを置く（たとえば、Nie et al. 1969; Verba and Nie 1972; Milbrath 1977; Sherkat and Blocker 1994）。この分派は「定量派」分派と呼ばれ、個人の所属階層アイデンティティをとらえるには、収入、教育、職業の定量的指数を作成し、この指数上の位置に従い、その人の社会階層を特定するのが最善の方法だと論じる。こうした作業を行うと、中間層とは通常、尺度の中間地域に位置する個人で形成されていることがわかる。たとえば、レスター・ミルブレイスは、「三つの指標すべてで高いスコアを示した個人は上位の階層に属するとされ、二つの指標では高いスコアを示すが三つ目のスコアが中程度もしくは低い場合は一段下の階層に属するとされる。次に指標の一つだけで高いスコアを示した個人は、さらにその一段下の階層に属する、というように続いていく」と論じている（Milbrath 1977, p.91）。

たとえば、五カ国（米国、英国、西ドイツ、イタリア、メキシコ）の比較研究で、ノーマン・ニーとその共同研究チームは、教育、所得、職業を含む客観的指標の加重定量的指数を作成し、三分割した指標の真んなかに位置する個人を中間層と規定している（Nie et al. 1969）。この共同研究チームは、米国では人口のおよそ半分が中間層に属する一方、発展度合いの低いメキシコでは、中間層に属するのは人口の一六％に過ぎないことを見出している。

客観的アプローチのもう一つの分派である「定性派」は、社会階層のさまざまな数量的指標の質的特性に注目する（たとえば、Burris 1986; Erikson and Goldthorpe 1992; Glassman 1995; Wright 1997; Zipp 1986など）。こちらの分派は、中間層とは、中間層を他の社会階層と質的に区別するような、一定の組み合わせの社会経済的特性をもつ個人によって構成されていると論じる。マーティン・オッペンハイマーが述べているように、「階層は、ある種の数学的連続体上の数量的尺度などではなく、それぞれほかとは異なり、独立している集団を表す質的尺度である」（Oppenheimer

1985, p.7）という見方をとる。

客観的アプローチの定性派分派のなかでは、ネオマルキストの尺度がもっとも頻繁に使われる。ネオマルキストの尺度はエリック・ライトが開発したもので、①生産手段、②権威構造に占める位置（個人の管理と監督責任に基づく）、③熟練・専門性の有無、という階層カテゴリーを形成する三つの下位次元を使用する（Wright 1997）。一つ目の下位次元に関しては、生産手段を有する人は「所有者」と分類され、さらに「所有者」は所有する生産手段のサイズによって、ブルジョワとプチブルに再分類される。二つ目の下位次元のうち、他の労働者を監督する立場にいる者は「管理者」と分類される。三つ目の下位次元では、熟練と専門性を有している者は「専門家」と分類される。社会の残りの構成員は、労働者階層か、農民か、無職に分類される。そうすると、中間層は、プチブル、「管理者」、「専門家」で構成されると定義される。より詳細にいえば、プチブルは「旧中間層」と呼ばれ、一方、「管理者」や「専門家」は「新興中間層」と呼ばれる（たとえば、Burris 1986; Erikson and Goldthorpe 1992; Glassman 1995; Wright 1997; Poulantzas 1975など）。

中国の中間層の概念化と識別に対するもう一つのアプローチ

客観的アプローチ対主観的アプローチ

本研究では、中国の中間層を識別する際、主観的アプローチではなく、客観的アプローチを選択する。その主な理由は、中国の中間層のユニークな社会的背景ゆえに、概念化に客観的アプローチを使用することが必要だと思えるからである。中国において、欧米の中間層と類似の中間層が徐々に出現し始めたのは、ようやく一九八〇年代初頭になってからのことである(Zheng and Li 2004; Xiao 2001; Lu 2004)。しかも前述のとおり、中国の中間層の階層意識はいまだ形成途上にある。主観的アプローチをとるためには、中国市民に最低でも、(労働者階層や上層階層など他の階層との比較において)中間層に関する基礎的理解がなければならないが、それを実現するには長い時間がかかる(Hayes 1995; Eulau 1956a, 1956 b)。リチャード・センタースによれば、階層意識をもつと「社会の経済プロセスにおける個人の地位と役割が、政治経済の分野での役割と地位に関連して、その個人に特定の姿勢や価値観、関心などを押しつける。さらに生産手段や、財やサービスの取引に関連した個人の地位や役割が、同じ姿勢や価値観、関心を共有する特定の社会階層への帰属意識の台頭をもたらす」(Centers 1949, P.28-29)。換言すれば、階層意識は「集団構成員が、どの程度、集団の現実を知り、自分がその構成員であることを認識しているか」(Centers 1949, P.75) に左右される。

中国の市民には、自分たちがある社会階層の構成員だという自覚があるのだろうか。もしあるのなら、意識上でその階層と一体感を感じているのだろうか。チュンリン・リーは、中国人の多くは中国社会における階層概念の適切さを認識しておらず、社会階層の意味や、さまざまな社会階層を識別する基準を把握している人はほとんどいないと指摘している(Chunling Li 2003)。たとえば、中国社会にある社会階層をいくつかあげるよう指示されると、教育程度の低い職業集団に所属する市民の場合は、「金持ち」、「実力者」、「普通の人」の三つにしか特定できず、逆に教育レベルの高い職業集団の構成員の場合は、たとえば「政府または党の幹部」、「私営企業家」、「専門家」など、より具体的な名前で集団を特定できる。しかし「上層階層」、「中間階層」、「下層階層」というかたちで社会集団を特定した回答者は、ほとんどいなかったという(Chunling Li 2003)。その結果、主として市民の階級認識に依存する主観的アプローチは、中国の新興中間層の研究には不向きであると判断される。

客観的アプローチ内の「定量派」分派と「定性派」分派

主観的アプローチとは異なり、客観的アプローチは、個人の階層意識や誤認識に影響を受けることの少ない客観的指標にのみ依拠する。客観的アプローチの二つの分派、定量派と定性派はともに中国を舞台に以前実施された研究のなかで、中間層を特定化する際に応用されている。より重要なことは、両派とも社会階層の客観的指標は、定量的なものであろうと、定性的なものであろうと、人々の政治に関する信念に大きな影響を与えると論じている点である。

定量派のなかでは、個人の所得が社会階層のもっとも普通の指標だと考えられてきた。たとえば、デイヴィッド・グッドマンは、一九九七年現在、発展の進んだ南中国、東中国の沿岸部では、月収五〇〇〇～六〇〇〇人民元以上の市民が中間層とみなされるのに対し、発展の遅れている西中国では、月収三五〇〇～四五〇〇人民元以上の市民が中間層に区分けされると書いている (Goodman 1999)。アラステア・イアン・ジョンストンは、中間層の地位を規定するために、月間世帯収入を使っている (Johnston 2004)。ジョンストンは、「中間層は月間世帯収入が三〇〇〇人民元以上の回答者によって構成される」と書いている。一方、ハンシェン・チェンとルールー・リーは、二〇〇〇年現在、北京以外の都市部では、月収一〇〇〇～一万人民元の市民が中間層だとしている (Zheng and Lulu Li 2004)。

しかし、この所得を中心にした定量的尺度には、実際上も理論上も大きな欠陥がある。第一に、今日の中国では個人の実質収入を特定することが難しく、中間層を定義する際の収入基準に関して、何らかのコンセンサスに達することが非常に困難である。中国では所得者の大半が、中国では広く横行している脱税などさまざまな理由で、本当の収入を隠したがるので、表向きの収入（名目所得）と本当の収入の間に大きな格差が見られる傾向がある（Shi 1997; Chen 2004）。加えて、中国社会では公式の所得（たとえば給与や賃金など）は、かならずしもその人間の社会経済的地位を表しているとは限らないという事情がある。著者がかつて指摘したように、「私営企業家の大半は、政府の公務員よりもはるかに高い収入を得ているが、両者の生活水準はきわめて近く、多くの場合、実は公務員のほうが平均的な私営企業家よりも高い生活水準を保っている。（中略）私営企業家の場合は、自分の生活水準を維持するために自らの財源を使うことが普通だが、公務員の場合は、自らの行政上の権力や公務員特権を通じて生活水準を手に入れているのが一般的である」（Chen 2004, p.90）。

次に、中国のように急速に変化する社会では、所得には劇的な地理的格差が生ずる。たとえば、発展の進んだ地域の平均月収は、発展の遅れている地域の月収の二・五倍である。中国の都市部住民の平均月収も、地方住民の平均月収の二・五倍である。さらに、発展の進んだ地域の都市部住民の平均月収は、発展の遅れた地域の平均月収の五・四倍である（Chunling Li 2003）。このように、社会階層を成層化する際にどれか一つの収入基準を使用することには、大きな問題が出てくる。

客観的アプローチ定量派のこうした欠陥を補うべく、現代中国の社会経済条件によりふさわしい代替案として定性派アプローチが提案されている。この定性派アプローチに啓発され、シュエイー・ルーとその共同研究チームは、中国の社会階層化のもっとも包括的な構造を提示している(Xueyi Lu 2002, 2004)。ネオマルキスト的尺度[★1]を使い、ルーの研究チームは①生産手段、②権威構造における位置、③熟練技術や専門知識の有無、④政府システムの内側か外側かの位置(中国語では「体制内」か「体制外」か)の四つの「尺度」を駆使して、社会的集団もしくは階層を分類している。この四つの尺度のうち「体制内」か「体制外」かというのは、中国の社会政治的設定に独自のものであることに留意されたい。ルーの研究チームは、欧米社会と異なり、中国社会の社会階層化には、国家ないし政府が強大な影響を行使していると論じる。中国では、体制内の中核の位置を占める個人は、通常、体制外の人に比べてはるかに多くの社会政治的、経済的特権を享受している。たとえば、前述のように政府の官僚は私営企業家ほど収入を稼いでいない場合でも、自らの行政権力を使って私営企業家よりも高い生活水準を保っていられる。そのような事情から、ルーの研究チームは、現代中国の体制における個人の位置を、体制内中核、体制内周縁、ならびに体制外の三つに区分する。体制内中核には、ほとんどの中国共産党と国家機構内の政府部局(中国語では「政府部門」)と、公共分野における非営利組織でありながら、特権を与えられた一部の公共機関（中国語では「事業単位」）が含まれる。中国では、政府システムの中核は恩恵の再分配権を独占しており、再分配される恩恵の大きな部分を享受している。他方、体制内周縁には、特権を与えられていない公共事業体と、中央政府もしくは地方政府の経営する企業（中国語では「国有企業」）が含まれる。体制内周縁には再分配権はほとんどなく、したがって受ける再分配の恩恵も少なく、自らの市場活動から資源を吸い上げることしかできない。中国独特の集団所有企業（中国語では「集体企業」）の大半や私営企業、外資系企業、自営業、農民は体制外の存在であり、再分配の恩恵はほとんど被らない。

この中国特有の社会政治的文脈のなかで、ルーの研究チームは、職業を基準に現代中国社会における社会階層を以下の一〇個に識別した。①国家問題・社会問題担当行政人員、②経営・運営人員、③私営企業家、④専門家、⑤事務職（中国語では「辦事人員」）、⑥自営業者（中国語では「個体戸」）、⑦サービス業労働者、⑧工業労働者、⑨農民、⑩無職および準無職者である。表2・1は、生産手段、権威構造における位置、熟練技術・専門知識の有無、および政治システムにおける位置という四つの次元における、それぞれの社会階層の位置を示している。

ルーの研究チームによると、たとえば政府部局の公務員など国家問題・社会問題担当行政人員は、体制内中核に位置し、政治的資源を独占し、再分配による恩恵を最大限被っている［★2］。

表2.1　中国における社会階層化モデル

	労働分業上の位置	権威構造上の位置	生産手段	体制内・体制外	主たる資源
国家問題・社会問題担当行政人員	専門職、技術職の上位および中位	上位および中位のマネジメント	代理人（生産手段を所有しないが、これを監督するか使用する）	体制内中核	政治的資源
経営・運営人員	専門職、技術職の上位および中位	上位および中位のマネジメント	被雇用者（生産手段を所有しないが、これを監督するか使用する）	体制内周縁もしくは体制外	文化的もしくは政治的資源
私営企業家		上位マネジメント	雇用者（生産手段を所有）	体制外	経済的資源
専門職	専門職、技術職の上位および中位	自営もしくは管理対象（ある程度は独立）	被雇用者もしくは自営（生産手段を所有せず）	体制内もしくは体制外	文化的資源
事務職（辨事人員）	専門職、技術職の中位および下位	管理対象、もしくは中位および下位のマネジメント	被雇用者（生産手段を所有せず）	体制内もしくは体制外	幾分かの文化的、政治的資源
自営業者（「個体戸」）		マネジメントもしくは自己管理	自営ないしは雇用者（生産手段を所有）	体制外	幾分かの経済的資源
商業・サービス業労働者	熟練、半熟練、非熟練労働者	管理対象もしくは下位マネジメント	被雇用者もしくは自営（生産手段を所有せず）	体制内もしくは体制外	幾分かの文化的もしくは政治的資源
工業労働者	熟練、半熟練、非熟練労働者	管理対象もしくは下位マネジメント	被雇用者もしくは自営（生産手段を所有せず）	体制内もしくは体制外	幾分かの文化的もしくは政治的資源
農民	熟練、半熟練、非熟練労働者	自己管理	被雇用者もしくは自営（生産手段を所有）	体制内もしくは体制外	幾分かの経済的もしくは文化的資源
無職者	–	–	–	–	なし

出典：本表作成に当たっては、内容をルーの著書より引用（Lu 2002, 2004）

私営企業家とは、一九八八年にようやく中国経済の一部として正統性を与えられた、家族以外の従業員を八名以上雇用している企業のオーナーを指す。私営企業家は大規模な生産手段を所有する。体制外に位置するものの、私営企業家は次第に一党独裁国家に組み込まれつつある(Dickson 2003)。

経営・運営人員には、国有企業、私営企業、合弁企業の経営陣がすべて含まれる。経営・運営人員は生産手段を所有しないが、生産手段の管理・運営に責任を負っている。この集団の構成員のほとんどが高い教育を受けており、いわゆる「文化的資本」(専門的訓練や技能・知識)を身につけている。

専門職とは、特化された訓練や技能・知識を要する職業に就いている集団であり、エンジニア、会計士、弁護士、医師、大学教授、研究者その他を指す。この職に就くためには専門的訓練や技能・知識が要求されるので、専門職の大半は文化的資本を有している。

事務職(中国語では「辦事人員」)には、政府や共産党機関の事務職、ならびにあらゆるタイプの企業や組織の事務員が含まれる。ホワイトカラー職であり、大半が少なくとも大学レベルの教育を受けている。

自営業者(中国語では「個体戸」)とは、家族以外の従業員数が八名以下の会社オーナーを指す。

この集団は何らかの生産手段を所有しており、自分たちの事業は自ら管理する。膨大な経済資源を所有する私営企業家と異なり、自営業者の大半が所有する資本は小さい。中国の文脈では、自営業者の大部分、とりわけ一九八〇年代に創業した者の大半は、教育程度が低い。

社会経済的に低い位置には、サービス業労働者、工業労働者、農民、無職者がいる。サービス業労働者とは、卸売り、小売業、あるいはそれ以外のサービス関連の仕事に従事している労働者を指す。工業労働者には、あらゆるタイプの製造関連企業に勤めている労働者が含まれる。通常、中国研究者は、サービス業労働者と工業労働者を一緒にして、「労働者」と区分けする[★3]。

農民は、中国農村部に生活する農業労働者を意味する[★4]。一般的にいって、農民は何ら生産手段をもっておらず、政府が都市部住民に再分配する恩恵も享受できる立場にない。無職および準無職とは、まったく職に就いていないか、安定した職業をもっていない個人を指す。

分析的枠組みとしての客観的アプローチの「定性派」分派

前述のとおり本書では、客観的アプローチの(「定量派」ではなく)「定性派」分派に従い、中国の中間層を識別している。客観的アプローチの定性派分派は、客観的アプローチの定量派のもつ欠陥を克服できている。これは主として、現代中国では、職業は個人の収入よりもはるかに特定しやすく、かつ地域を問わず一貫しているからであり、「ほかとは異なり、独立している集団」(Oppenheimer 1985, p.7)を表すうえで適しているからである。したがって、(客観的アプローチの)職業を土台にした定性派の尺度のほうが、所得を土台にした定量派尺度よりも、中国における中間層を判別するうえで、信頼でき、かつ有用であるに違いない。加えて、定性派尺度のほうが、尺度に使われている近代的職業(すなわち、ホワイトカラー専門職、私営企業家、経営人員、ホワイトカラー事務職)の大部分が、全世界レベルの近代化や工業化という全般的傾向から生まれるものであり、したがって国境を越えた共通性をもつことから、国際比較の文脈でも使い得るという利点もある(たとえば、Marsh and Kaase 1979 などを参照)。

そこで、客観的アプローチの定性派分派の概念化を土台に、ルーの研究チームが開発した一〇の社会階層(上述の表2・1参照)を、上層階層、中間層、下層階層の三つに凝縮した。上層階層に含まれるのは、国家問題・社会問題担当行政人員、私営企業家である。他方、下層階層は、自営業者(中国語では「個体戸」)、サービス業労働者、工業労働者、農民、および無職および準無職の集団である。そのうえで、経営人員、専門職、事務職労働者(中国語では「辦事人員」)という、中国を舞台にした場合でも、それ以外の地域を舞台にした場合でもよく使われる三つの主要社会階層[★5]を掛け合わせることで、中国都市部の中間層という概念を操作可能にした(表2・2参照)。中国では、この新興中間層は、ポスト毛時代の経済改革が一党独裁国家により開始された一九八〇年代初期から次第に生まれてきた。

北京、成都、西安という中国三都市における都市人口の調査をもとに次の結果を得た(表2・3参照)。第一に表2・3が示すとおり、回答者の二・五%、二四・四%、七三・〇%が、それぞれ上層階層、中間層、下層階層に属していることがわかった[★6]。次に、中国の社会構造は、依然としてピラミッド構造となっていることがわかる。すなわち、最小の社会階層である上層階層が中国社会の頂点を占め、二番目に小さい階層が中間層で、この階層は、現段階では中国都市部で最大の社会階層とはなって

表2.2　中国における中間層の定義と操作可能化

	職業
経営人員	国有、集団所有制、私有制企業の経営者、外国企業、合弁企業の経営者
専門家	研究者、教育専門家、医療専門家(たとえば科学者、教授、教師、医師など)、エンジニア、技師とそれぞれのアシスタント、経済、法律関係専門家(たとえば会計士、弁護士、その他)、文化・芸術・スポーツ関係の専門家、クリエイティブな知識人(たとえば作家、音楽家、コンサルタントなど)、その他すべての種類の自営専門家
ホワイトカラー事務職	政府・共産党機関の事務局スタッフ、公的組織やあらゆる種類の企業の事務員・スタッフ

表2.3　北京、成都、西安における社会階層分布

客観的階層識別	%( )内は実数
上層階層	2.5 (80)
中間層	24.4 (773)
下層階層	73.0 (2,313)
計	100 (3,166)

いない。その代わり、中国社会の底辺に位置する下層階層が最大の社会階層となっているのである。

2 新興中間層の誕生と進化

この半世紀、中国社会の社会階層化パターンを変化させていくうえで、中国の国家機関が圧倒的な役割を果たしてきたことが観察された。このプロセスのなかで、ポスト毛改革の開始以降、国家と新興中間層の関係は、どのようにかたち作られてきたのだろうか。この疑問に対する答えが得られれば、新興中間層の民主主義と民主化に対する志向性が、どのように誕生したのかを理解するうえで一助となるに違いない。

市場変換モデル対国家中心主義モデル

中国の新興中間層の進化と国家との関係に関する研究では、主として、二つの分析モデルが使われている。市場変換モデルと国家中心主義モデルの二つである。市場変換モデルでは、ポスト毛時代の過去数十年の改革のなかで、資源配分の新しいメカニズムの導入と、以前は一党独裁国家に占有されていた機会構造の変換を通じて、台頭する市場の力が次第に社会階層化に対する国家の影響力を殺いできたと論じる（Parish and Michelson 1996; Nee 1989; Zhou, Tuma, and Moen 1996）。市場変換モデルによれば、国家と市場は、二つの根本的に異なった資源配分システムの代表格となっている。ポスト毛時代の市場の台頭により、国家機関にコントロールされていない代替的報酬資源がもたらされ、こうした変化の結果、個人の国家に対する依存の度合いが減じることとなった（Nee 1989, 1991, 1996; Nee and Matthews 1996）。さらに、市場変換モデルは、権力、すなわち資源に対するコントロールは次第に国家から市場に移行し、国家権力や行政パワーをもつ者よりも「市場パワー」をもつ者のほうを重視するようになる社会的価値分配における変化が見られると示唆する（Nee 1989, 1991, 1996）［★7］。このモデルに従えば、ポスト毛時代に市場経済が成長するに従い、中国の中間層は市場パワーを手に入れることになり、そうなると政治的により独立していくことになる。

対照的に、国家中心主義モデルは、改革期においても、普通の人々の暮らしに対する一党独裁国家の影響は続いていくと強調する（Bian and Logan 1996; Rona-Tas 1994; Zhou 2000; Zhou et al. 1996）。国家中心主義モデルの前提は、さまざまな社会的勢力が相互作用を繰り返す制度的文脈の設定に関し、国家が、依然として死活的に重要な役割を果たすという確信がもとになっている。国家中心主義モデルに従えば、中国では国家は社会全般に浸透し、なかでも経済的変換を導く強大な能力を享受してきている。これは、国家が、独特にして強力な支配のための二つの柱、すなわち単一のレーニン主義政党による独裁と、いかなる社会経済領域にでも介入できる政府という二つの柱をもっているからである(Walder 1995a)。こうしたことから国家中心主義モデルは、「中国における国家の歴史的役割に鑑み(中略)、中国の経済変換に伴う制度的ルールの見直しは、国家自身の利益に大きく影響されるだろうということを疑う理由はまったくない」と論じる(Zhou 2000, p.1141)。ポスト毛時代に展開された政策や布告を通じ、中国の国家は、民間部門でも公的部門でも、新興中間層を作り出し、これをかたち作ってきている。国家が新興中間層のキャリアや人生における機会に対して圧倒的役割を果たすので、中間層は一党独裁国家に大きく依存するようになってきている。デイヴィッド・グッドマンが指摘しているように、中国の中間層は一般的に「一党独裁国家から疎外されたり、独自の政治的主張を求めたりすることからはほど遠く」、一党独裁国家と「緊密な距離感で行動し、これと密接に協力している」(Goodman 1999, p.260-261)ように思われる。

上記二つの分析モデルのうち、国家中心主義モデルのほうが、中国の新興中間層の進化とその国家との関係を理解するうえで、ふさわしいように思われる。国家中心主義モデルは、中国に新たに中間層をもたらしたポスト毛時代の経済変換の中心に、一党独裁国家を据えている。これは正しい判断だと思われる。したがって国家中心主義モデルを使えば、ポスト毛時代の中国では市場の力が全社会的階層化をもたらしてきているにもかかわらず、社会階層化の全体的パターンを決め中間層のような新興社会階層の誕生を促進するうえで、なぜ国家が依然として重要な役割を果たしてきているのかを理解することができる（たとえば、Parish and Michelson 1996 などを参照）。

中国の国家が、中間層をかたち作るうえで果たしてきている独特で決定的に重要な役割をよりよく理解すべく、一九四九年の中華人民共和国建国以来の中間層の進化の跡を振り返る。中間層の進化の跡をたどることで、中国の中間層は一党独裁国家に左右されるという主張を裏書きできる歴史的証拠を提示できると期待される。

歴史的背景——一九四九年以前の中間層

一九四九年以前の中国社会は、都市部と農村部の二つに分けることができる。農村の社会構造は、少人数の郷士階級と地主が大多数の小作人階級を支配するという図式に特徴づけられていた。他方で、同時期の都市部の社会構造の特徴は、少数の上層階級ブルジョワと買弁資本家が、都市部プロレタリアートの上に立つという図式であった。ここでは、二つの突出した社会現象が特筆に値する。一つは、中国人口の八割以上が農村部に住み、都市部人口はわずか二割に過ぎなかったこと。二つ目は、二〇世紀初頭の経済発展と、漸増的工業化の結果、中国の中間層[★8]が都市部に誕生したことだ。

このような全般的社会構造のなかにあって、当時の中国の中間層は、一九四九年の直前でも全人口の三%を占めるに過ぎなかった[★9]。この小さいながらも着実に台頭しつつあった中間層は、国民党[★10]政権下でなにがしかの経済的、政治的独立を獲得し、欧米社会の中間層と同様、自分たちのライフスタイルやより良い職の選択に対して、従前以上の自決権をもつに至った(Davis 2000)。

毛沢東時代の「擬似中間層」

一九四九年の中華人民共和国建国に伴い、オーソドックスなマルキシズムイデオロギーに従い、共産党政府は階級のない平等社会を創設すべく、階級差の排除に邁進した。この行為の直接的成果は、いわゆる脱階級(destratification)であり、これにより一九四九年以前の目に見える階級間境界は排除された(Paris 1984)。脱階級のためにまず中国共産党がとったのは、民間経済の基盤を排除する措置であった。農村部では、共産党は地主階級の富と農地の大半を接収し、これを小作人階級に再分配した。都市部では、一九五〇年代初頭までに、国民党ないしは外資と密接な関係にあった官吏資本家や買弁資本家の所有する大規模企業を国有化した。時を経るうち、こうした企業の大半は、中央政府が直接管理する国有企業に進化していった。加えて、一九五〇年代の中国政府は、プチブルジョワ階級、いわゆる「手工業者」、が所有していた工業、商業企業を集産化するプログラムに着手した。

こうした農村部における農地改革キャンペーンや、都市部における工業・商業の社会主義化を経て、私有経済の基盤の排除という結果が生まれた。個人資産(たとえば土地、居住区、資本、企業など)を保有する中国国民は、ほぼ皆無となった。この根本的な社会変動を浸透させ、制度化するため、中華人民共和国の一九五四年憲法では、私有財産の存在を認めていない。また同憲法は、私有財産を保護しない[★11]。一九五八年までには、階級差の経済的土台は中国社会からほぼ完全に排除されるに至った。

次に、一党独裁国家は、中国都市部における職業上の流動性を制限する措置をとった。都市人口のほぼ全員がさまざまなタイプの労働単位に振り分けられた[★12]。全般的には、次の四つが主要な労働単位であった。①政府・共産党機関(中国語では「党政機関」)、②公共機関(中国語では「事業単位」、③国有企業（SOE）、④集団所有企業（中国語では「集体企業」）の四タイプである（Wu 2002; Zhou 2004）。労働単位は、行政的、生産的責任を満たすだけでなく、従業員に住宅や教育、保健医療、その他の公共財を提供するという重要な社会的責任も負っていた（Tang and Parish 2000; Shi 1997）。したがって、毛沢東時代の都市部では、基本的な公共サービスのほぼすべてが、市場ではなく労働単位を通じて提供されていたので、どこかの労働単位に属さずに生存することは事実上不可能であった（Wu and Treiman 2004）。

都市部における生産単位制の直接的結果は、さまざまな職業の市民がすべて「労働単位依存」になったことである。この制度を通じて、一党独裁国家は都市部人口の職業上の流動性を制限することに成功した。各市民を特定の労働単位に振り分け、あてがうのは国家の役割であった。しかも、こうした特定労働単位への振り分けの多くは終身にわたるものであった。たとえば、労働者の労働単位によるコントロールのもと、「生涯で一度でも職を替えることができたのは労働者の半数に過ぎず、年換算では全労働者の一%から二%に過ぎなかった」のが実情である（Bian 2002, p.93）。

さらに、職業上の昇進も中国共産党と政府によって決定されていた。多くの研究の見るところ、毛沢東政権下の人の一生というものは、主としてその人の中国共産党への政治的忠誠心

（実際に示されたものも、想定されたものも含め）によって決められていた（Cao 2001; Walder 1989, 1995a）。加えて、「高いレベルの教育機会や、より条件の良い仕事、さらにはもっと多くの権利や特権の分配に当たっては、政治的基準が体系的に組み込まれ実践されていた」のだ（Cao 2001, p.687）。スーザン・シャークによると、政治的忠誠心に重きを置くことは、「政治的結束の過程に貢献していた」（Shirk 1984, p.59）。政治的忠誠心に対する報奨制度は、功労に対する報奨制度よりもはるかに政治的コントロールの影響を受けやすいものだ。しかも、政治的忠誠心の定義は非常に茫漠としたものなので、中国共産党幹部は、自らの忠誠な支持者を出世させるためにこの制度を濫用できる。

こうした毛沢東主義的政策の結果、一九四九年以前には中国には中間層が存在しなくなっていた。その代わりに、「給与所得公務員（ないしは労働者）の一階層」（Davis 2000, p.272）が登場した。ただし、この社会階層が一九四九年以前の中間層や、欧米的水準の中間層にやや似ているとしても、この階層に属する特定の専門職が、欧米の中間層の典型であるプロフェッショナルと同一とまではいわないものの近似しているという程度のものである。この独特な社会集団を表す適切な表現がほかに見当たらないので、ここではこの社会階層を「擬似中間層」と呼んでおく。この階層を生み出した社会的変換には、構造的側面がいくつかあったことに留意する必要がある。まず第一に、農村部における農地改革キャンペーンや、都市部の工業、商業の国有化により、民間経済というものが払拭されていた点である。したがって、たとえば私的財産などの中間層の経済的土台は、ほぼ完璧に破壊しつくされていたのである。

第二の構造的側面は、一党独裁国家が、経営人員や専門家をさまざまな地位に配し、政治的忠誠心に基づいて昇進を決めるという労働単位制度を通じて、都市労働者の職業的流動性を制限していたという側面である。加えて、一九四九年の中華人民共和国建国直後、中国共産党は大学卒業生向けの統一職務割当(中国語では「統一分配」)という制度を採用した。この制度のもと、大学卒業生の職業はすべて、主として個々人の政治的正当性に従って政府によって割り当てられるようになった。こうした事情から、一九四九年以降の経営人員や専門職など「擬似中間層」の根幹は、「生活のあらゆる領域で共産党国家に根本的に依存していること」(Davis 2000, p.271)となった。

第三に、中国共産党は、擬似中間層に対する政治的締めつけを強化するための政治キャンペーンを展開した。一九五七年の反右派闘争(中国語では「反右運動」)では、五〇万人を超す経営人員や専門職が右派として迫害を受けたが、こうした「右派」の大半は、「再教育」のために農村部に下放となった。その後の政治運動を通じ、こうした右派家庭は自動的に差別の対象となった。擬似中間層の中核をなしていた知識人や専門家の迫害は、ついには文化大革命で頂点に達した。加えて、専門職や経営人員の多くが、もともとの地位から引きずり下ろされ、「教育、プロとしての訓練、与えられた任務遂行を管理するノウハウに欠けた新党幹部（労働者である場合もあれば、農民、兵士である場合もある）にとって代わられた」(Lin and Xie 1988, p.797)。こうした運動や政策はすべて擬似中間層を政治的に脆弱にさせ、心理的にも自信喪失状態にさせた。

第四に、毛時代の消費パターンとライフスタイルの画一化の影響で、中国社会からは中間層特有の生活様式が払拭されてしまった(Davis 2000; Whyte 1975)。この消費パターンとライフスタイルの画一化は、主として以下の二つの要因により引き起こされた。一つは、消費財や住宅、その他の社会サービスを、国家が統制分配したときに使われた配給制度が、多様な消費パターンの基盤を提供し得なかったという事情(Whyte 1975)。もう一つは、中間層特有の消費パターンやライフスタイルが、中国共産党により厳しく批判されていたという事情である。たとえば、文化大革命の最中、中間層的ライフスタイルは、階級の敵を示す重要な指標だと考えられていた。このため、教育を受けた専門職や経営人員は、可能な限り労働者階層のライフスタイルを身につけるよう細心の注意を払うに至った。一九四九年以前の国民党政府が比較的自由にさせた中間層特有の消費パターンやライフスタイルを押さえつけなければならなくなったことは、

「専門職や経営人員の階層が、社会のなかで自らを定義し、再生産するための重要な資源を失うことを意味した」(Davis 2000, p.271)。

ポスト毛沢東時代の新興中間層の出現

ポスト毛改革時代(一九七八年から現在)は、毛沢東時代(一九四九年から一九七八年)からの決別の時代であり、中国社会における社会階層化のパターンが劇的に変動した時代でもあった。毛時代の中国が脱社会階級で特徴づけられるとすると、ポスト毛中国には一九四九年以前の社会階層の時代への漸進的回帰が見られたといえる。一九七八年以降、中国社会では徐々に差別化と階層化が進んできた。この社会構造の根源的変動は、ポスト毛一党独裁国家が改革の当初からとってきた主要な政策イニシアティブによって引き起こされたものだ。

経済の民営化

ポスト毛時代の中国では、中国共産党が徐々に民間部門の成長を正統なものと認め、その育成に努めるようになった(Zheng 2004a)。中国における民間経済の発展は、経済の民営化に関して三つの主要段階を経て進展してきたが、そのいずれもが一党独裁国家により着手され、導かれてきた。第一段階(一九七八年から一九八三年)は、政府による民間企業の再生を特徴とする。

ただし、この段階では中国共産党はただ単に「個人経営(もしくは小規模)事業」(中国語では「個体戸」)を公式に認めただけのことである[★13]。たとえば、一九八二年の中華人民共和国憲法第一一条は、「都市部、農村部の労働者による私営事業は、法によって定められた制限内で操業する限り、社会主義公共経済を補足するものである」と規定している。当初、個人経営事業部門は、「境界的で当座しのぎ的な役割を果たし、国家や集団経営部門が経済でやり残した部分、ことに消費財・サービスの分配や、雇用の部門で実施しきれなかった部分を埋めるというかたちで、国家や集団経営部門に対する補完として機能すること」が想定されていた(International Finance Corporation 2000, p.8)。

民営化の第二段階(一九八四年から一九九二年)は、「私営企業」の台頭を特徴とする[★14]。この私営企業は、上述の個人経営事業よりも多くの従業員を雇用するというかたちで区別される。一九八八年の中華人民共和国憲法改正第一一条により、私営企業は以前から許可されていた八名を超えた家族以外の従業員を雇用することが許されるようになった。この憲法上の規定により、私営事業の存在と成長が公的に認められることになった(Chen 1995; International Finance Corporation 2000)[★15]。この改正一一条は、「政府は、民営経済が存続すること、法の定める範囲で生育することを許可する」としている。これに従い、国務院は一九八八年六月、民営企業の行動を律する目的で「私営企業暫定条例」を発行した。

続く経済民営化の第三段階（一九九三年から現在）は、かの有名な南巡視察の途上、一九九二年九月に鄧小平によって開始された。この南巡視察の最中、鄧小平は中国経済の改革の継続を訴え、それによりその後の中国の市場経済への移行を決定づけた。一九九二年九月の中国共産党第一四回全国代表大会において、社会主義市場経済が中国の改革目標としてはじめて採択された(International Finance Corporation 2000)。同時に、一党独裁国家は傘下の公務員に対して、民営経済に積極的に関与し、「商業の海に跳びこむ」（中国語では「下海」）よう奨励すらした。共産党幹部や政府官吏は、一九九二年には中国の民間部門において二番目に大きなグループとなっており、一九九〇年代半ばまでには私営企業家部門で最大の集団となっていた(Zheng 2004b)。その結果、中国社会における私営企業家の社会的地位は、格段に向上することとなった。こうしたさまざまな変化や民間部門が作り出した富により、中国市民が以前にも増して民間部門への関与を強める結果となった。

一九九七年九月、中国共産党第一五回全国代表大会において、「非国家」経済も「社会主義経済」の重要な構成要素であることが認められた。一九九九年三月の全国人民代表大会では、一九八二年の中華人民共和国憲法が改正され、非国家経済の存在と財産私有が合法化された。

一九九五年来の国有企業改革が、経済民営化のペースに拍車をかけた。一九九五年、中国政府は国有企業改革に向け、「大きなものは抓み、小さなものは放つ」（中国語では「抓大放小」）政策を策定した。その結果、中小規模の国有企業や集団所有企業の大半の大規模民営化が起こった（Dittmer and Gore 2001）。

この国家主導の民営化の結果、一九九〇年代には私営企業家と自営業が急速に増加し、鄧小平改革の最大の恩恵を享受する集団となった（Dickson 2003; Pearson 1997）。表2・4によれば、国有企業由来の総工業生産高が一九九〇年の五五%から一九九八年には二七%に低下しており、逆に、同時期の個人所有の企業の貢献率は、五%から一六%に増大している。のみならず、私営企業と合弁企業で構成されるその他のタイプの企業の貢献度も二二%にまで増大している。

社会的流動性

ポスト毛沢東改革以前、中国の都市部住民は国家によって特定の労働単位に割り振られ、一生の間、別の労働単位に移動することはほとんど許されることがなかった。ポスト毛改革が深化するにつけ、中国国民は次第に自分自身の雇用を決める自由裁量権を手にできるようになった。

ポスト毛改革の始まった一九八〇年代初期以降、中国共産党は市場志向型の経済改革に沿う

表2.4 企業タイプ別中国総工業生産高比率(1980年〜1998年)

年	国有企業(%)	集団所有企業(%)	個人所有企業(%)	その他のタイプの企業(%)	合計(%)
1980	76.0	23.5	0.0	0.5	100.0
1985	64.9	32.1	1.9	1.2	100.0
1990	54.6	35.6	5.4	4.4	100.0
1991	56.2	33.0	4.8	6.0	100.0
1992	51.5	35.1	5.8	7.6	100.0
1993	47.0	34.0	8.0	11.1	100.0
1994	37.3	37.7	10.1	14.8	100.0
1995	34.0	36.6	12.9	16.6	100.0
1996	33.7	36.5	14.4	15.4	100.0
1997	29.8	35.9	16.9	17.4	100.0
1998	26.5	36.0	16.0	21.5	100.0

出典:表中の数字は、チェンの著書より引用(Zheng 2004a, p.66)

ように国家機関を再編成すべく、一連の措置をとってきたが、こうした措置は不可避的に国家の個人の生活に対する関与の範囲を狭める結果となった(Pearson 1997; Dittmer and Gore 2001; Dickson 2003)。このとき中国政府のとったもっとも根源的な措置の一つは、国有企業(SOE)の再編と、いわばその分解掃除であった。一九八〇年代初頭より、中国共産党は国有企業を改革する措置をとってきており、その一環として、徐々に国有企業にこれまで以上の自治権を与えるようになっている。当初、政府は一定の財務上の自治権を付与することで国有企業の活性化を目指した(Chen 1995)。一九八七年には、中国政府は生産責任制(CRS)を導入した。このCRSによれば、「国有企業は、特定レベルの収益に対し、所得税と調整税を支払うという契約を結んでいる。契約収益レベルを超えた場合の追加的収益に関しては、低い税率が適用される（中略）CRSは、国有企業の財務上の責任を強化し、利潤性を重視し、意思決定に当たっての自治権を増やすことで、国有企業の業績を改善することを狙ったものである」(Zheng 2004a, p.111)。

一九八〇年代末から一九九〇年代初頭にかけて、「所有と操業権の分離」(Chen 1995, p.56) の原則に則り、中国政府は国有企業経営者にこれまで以上の企業経営自治権を与えていった。たとえば、一九九二年にはすべての国有企業経営者に、「管轄行政区の労働計画に諮ることなく、また一九五〇年代末以降、一般的慣習となっていた政府の直属上司の了承を得ることなく」、従業員を雇用したり解雇したりする自由が与えられた (Davis 1999, p.28)。その一方で、一九九〇年以後、政府は、国有企業労働者から、終身雇用や住宅手当、低負担保健医療サービス、保証された年金などの特権を徐々に剥奪していった (Dittmer and Gore 2001)。

一九九二年九月には、中国政府は、すべての被雇用者に「国有企業、民営企業、集団所有企業の間を、自分の裁量で動き回る」ことを許す新しい政策を発表した。この政策は、「これまで職の流動性を妨げてきた行政的障害に対する明確な一撃」だったとされる (Davis 1999, p.28-29)。その結果、一般の中国市民にも、どこで働き何を生業にするかを選択する自由が、これまで以上に与えられるようになった。デボラ・デイヴィスが述べているように、たとえば「一九九〇年一月から一九九五年七月の間に、（上海市民の）四一％が、少なくとも一度は雇い主を換え、そのうちの五％は三回以上勤め先を換えている。のみならず、雇用先の変動はほとんどの場合に職種の変更も伴っており、職歴のすべてを一人の雇い主に捧げるという以前の一般的パターンと明確な対照をなしている」(Davis 1999, p.34) のだ。

新しい政策は一般市民がより良い職に就く機会の増大にもつながった。一九七八年以降、自営業を開始する、民間、外資、合弁企業に勤める、など民間経済部門に移ることでより良い職を手に入れた中国市民がますます増えてきている。経済近代化を促進する必要性から、一党独裁国家のほうでも国家機関内での雇い入れと昇進の基準を見直した。具体的な例として、政府は、職員の昇進決定において、政治的忠誠心をこれまでほどには重視しなくなった (Cao 2001; Parish and Michelson 1996; Walder 1995a、Walder, Li, and Treiman 2000)。その結果、「国家官僚機構でも、現在では、大学卒業者や専門的訓練を受けた者などの人的資源の雇用を優先するようになったので、新規の中間レベル、高級レベル幹部には専門家が多くなった」(So 2003, p.371)。

一般的にいって、ポスト毛時代の市場中心型経済改革の影響で、特定の職種の価値やステータスに変化が見られ、一般市民にはこれまで以上の職業に関する流動性が与えられるようになった（Davis 1992 a, 1992b; Lin and Xie 1988）。一方、知識や教育を必要とする専門職や経営者的地位に対して、これまで以上の価値やステータスを見出す傾向が明確になっている。ホワイトカラー職をブルーカラー職の上位に置く、地位を巡るヒエラルキーが確立され、経営職や専門職のほうがブルーカラー労働者よりも高い賃金を得、先進国の中間層のライフスタイルに似た生活を送れるようになってきている。

ちなみに、現代中国では中間層がなぜ「新興の」中間層とみなされているかは、覚えておく価値があると思われる。毛沢東時代には、一連の政治運動やキャンペーンを通じて、一党独裁国家が中間層を中国社会から徐々に排除してきた。本書の中心テーマとなっている今日の中国の中間層は、ポスト毛時代に登場した階層である。まず第一に、その若さゆえにこの中間層は「新興中間層」とか、「中間層の第一世代」（Zhou 2002）と呼ばれる。これは、すでに二〇〇〇年以上の歴史をもち、その間、多くの世代交代がなされている欧米の中間層とは大きく異なる点である。

第二に、現代中国の中間層の構成と社会的起源に関していうと、この社会階層は欧米で進化をとげた伝統的な中間層とは様相を異にするという意味で、「新しい」中間層とみなすことができる。欧米の中間層の進化は三つの段階を経ており、そのつど、階層の構成にも変化が見られた。資本主義革命の時代(一七世紀から一八世紀にかけての時期)には、自由農民、職人、都市ブルジョワが、欧米社会の中間層の主体であった(Glassman 1995, 1997)。経済発展に伴い、当初の通商資本主義は次第に工業資本主義にとって代わられ、中間層の構成もこれに従って変化した。一九世紀末から二〇世紀初頭にかけての工業資本主義を契機に、「小規模事業主や商店主など、ほどほどに裕福な中間層が工業資本主義システムの中間層として、職人などにとって代わっていった」(Glassman 1995, p.158)。この時期、小規模事業家、商業農業従事者、ならびに何種類かの専門職が中間層の主流を占めた。第二次世界大戦以降、今度はハイテク工業資本主義が工業資本主義にとって代わり、テクノクラートや各種専門家、経営者、官僚、さらにはホワイトカラー労働者などの新しいタイプの中間層が台頭し、この階層の主軸となってきている(Kahl 1957; Mills 1953; Poulantzas 1975)。その結果、小規模事業家や商業農業従事者など工業資本主義の古いタイプの中間層の比率は、劇的に縮小してしまった。

しかしながら中国では、自由農民や商業農業従事者が新興中間層の重要な一部になったことは、いまだかつて一度もない。それよりもより重要なのは、ポスト毛改革が始まって以来、古いタイプの中間層(自営業者など)と、新興中間層(経営人員、専門職、公務員など)が、ほぼ同時に台頭したことだ。したがって、現代中国の中間層に言及する際に「新興」というのは、この中間層が現代中国にとっては第一世代であり、その構成も独特のものがあるという意味で使っている。

新興中間層の主要構成要素

総合的にいって、ポスト毛改革は社会構造を変革し、その結果として、先進市場経済諸国の中間層と類似の新興中間層が登場する下地を作ったといえる。本章のなかですでに定義したように、中国の新興中間層には、主として経営人員、専門職、事務職（中国語では「辦事人員」）の三つの職業グループが含まれている。

第一に、経営人員階層は、社会構造の観点からも、中国都市部の躍進する市場経済における役割という観点からも、三つのうちでももっとも重要な構成要因である（Bian 2002; Lu 2002, 2004; Zheng and Li 2004; Qiu 2004）。この経営人員階層には三つの下位集団がある。一つ目には国有企業や集団所有企業の経営陣があるが、これらはポスト毛改革以前には、こうした企業に政府から任命された行政官の職であった。二つ目は私営企業の経営職であり、残る三つ目は外資系企業ないしはいわゆる「三資企業」（中外合弁企業、合作経営企業、外資独資企業の三つ）の経営陣である。シュエイー・ルーの研究チームが発表した推計では、この経営人員階層は二〇〇四年の段階で、中国全人口の約一・五％を占めていたことになる（Lu 2010）。

第二の専門職階層は、専門的訓練や習熟を要する職業からなる。学術研究員や、科学技術作業に従事するあらゆる種類の技師などの人員とそのアシスタント、財務・法務専門家（会計士や弁護士など）、教師、教授、さらには文化、スポーツ関係労働者がこれに相当する。この階層は、構成員が人的資本（特化された専門技術や知識）を所有していることが特色となっている。最近の全国調査によると、この専門職階層は二〇〇四年の中国全人口の約五・一％を占めている（Lu 2010）。

第三の事務職（中国語では「辦事人員」）は、主として次の二つの下位集団で構成される。一つは公的機関や、あらゆるタイプの産業事業体の事務員とスタッフ人員であり、もう一方は政府や中国共産党機関の事務局員（中国語では「公務員」）である。後者の場合、中央政府や省政府の場合は課長以下（中国語では「処級」）、それ以下の地方政府の場合は部長以下の役職に就く公務員（中国語では「科級」）を指す（Zhang 2005）。中国社会科学院の最近の全国調査によると、「辦事人員」は、二〇〇四年段階の中国全人口の四・八％を占めている（Lu 2010）。

新興中間層形成の二系列

一般的にいって、国家機関も市場組織もともに、さまざまな社会階層をかたち作るうえで、きわめて重要な役割を果たしている点に留意する必要がある。次の図2・1が明確に示しているように、国家機関と市場組織の両ヒエラルキーの頂点に座る人間は上層階層を形成するが、これらは主として国家問題担当の行政人員[★16]、社会問題担当の行政人員、ならびに私営企業家[★17]からなる。「党幹部資本家」と呼ばれるこの強力な混成集団は、「中国社会の政治資本、経済資本、社会・ネットワーク資本を独占」し、その構成員は「部分的改革、混合経済、混成オーナーシップという既存の制度の恩恵を被っている」人たちである(So 2003, p.369)。換言すれば、この上層階層は、中国社会では、ほぼ無制限の政治的、経済的、社会的パワーを享受しているのだ。逆に、国家機関であれ、市場組織であれ、最底辺にいる人々が下層階層を形成しており、彼らが享受している政治的、経済的、社会的影響力は最小限に留まっている。そしてこの二つの間、ヒエラルキーの中ほどに中間層が存在する。したがって、中間層はある程度の政治的、経済的、社会的パワーを有し、その大きさは下層階層よりは大きいものの、上層階層よりは小さい。

この枠組みに従うと、現代中国における中間層の形成には、二つの別個な径路があることがわかる。一つは国家機関を通じるもの、すなわち個人が国家機関のさまざまな部署に雇用されることを通じて中間層の構成員に加えられる径路である。この径路を通じて中間層に仲間入りするのは、主として国有企業の経営人員や公的機関の専門職、さらには政府・中国共産党機関や公的機関の事務局員である。こうした地位へのアクセスは「門戸が閉ざされている」[★18]、すなわち政治的忠誠心と党籍による審査に合格した者だけがアクセスをもつ（Walder et al. 2000）。この中間層下位集団の政治的価値と出世が、国家によって大きく左右されることは避けられない。

図2.1　新興中間層形成の2つの径路

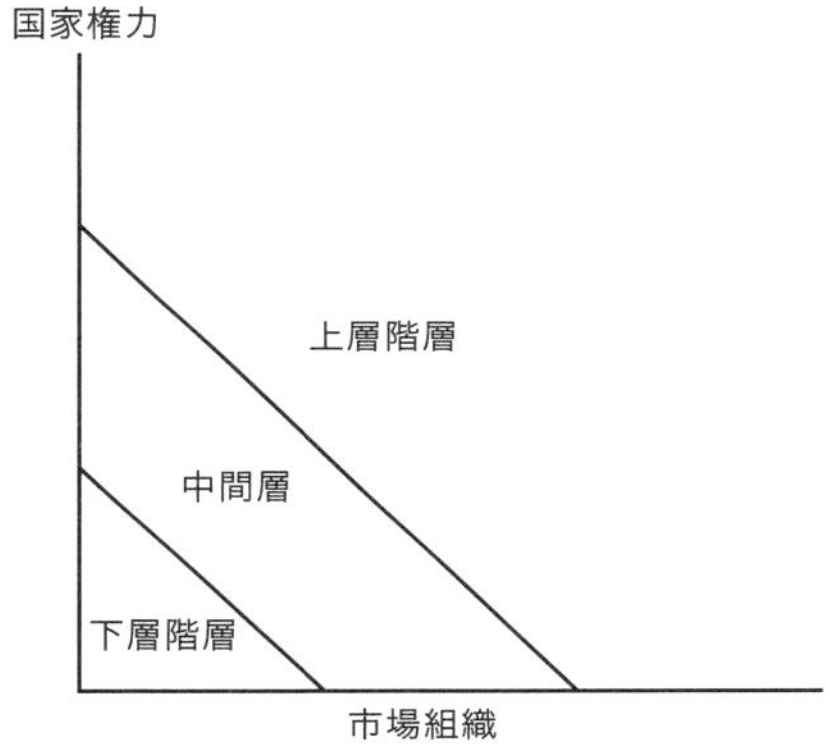

新興中間層形成のもう一つの径路は、市場組織を通すもの、すなわち、非国家部門の職業を通じて中間層入りするというものだ。こうした職業へのアクセスは「広く門戸が開かれている」とみなされるが、これは、個人がその職に就けるかどうかは、国家介入があったとしても、基本的には市場メカニズムが決めるからである。ヴィクター・ニーとレベッカ・

マシューズは、「市場への移行により、価値の再分配を司る国家に支配されない、報奨の代替的源泉への道が開けた。このことにより、国家への依存度が減る結果となっている」と記している（Nee and Matthews 1996, p.408）。したがって、私営企業や外資系企業の経営人員、非国家部門の専門職、自営業者、さらにはホワイトカラーの事務職などを含む、非国家部門に雇用されているこちらの下位集団は、最初の下位集団に比べ、国家への依存度が低い。とはいっても、こちらの中間層下位集団も、国家主導の経済発展の最大の被恩恵者であるだけに、下層階層と比べると国家の存在を認識する度合いが高い。

二〇〇七年から二〇〇八年にかけて実施された中国三都市調査の代表標本を見ても、中間層に属する回答者のおよそ六割までが国家部門下位集団（国家部門に雇用されている労働者）に属し、残り四割が非国家部門下位集団（非国家部門に雇用されている労働者）に属していたことがわかる。

新興中間層の成長

ポスト毛改革の到来以降、以下の四つの要素が中国の中間層の登場と急速成長に貢献してきている。すなわち、大学教育の普及、民間経済の発展、海外直接投資（ＦＤＩ）の拡大、および企業と公共機関の改革の四つである。より重要なことは、これら四つの要因の効果が、間違いなく一党独裁国家の改革派政策によって強化され、伝達されているということである。

第一に、前述のとおり一九七八年以降、中国政府は民間経済を合法化し、その発展を奨励してきており、これを通じて民間経済部門が中国社会のなかに再登場し、急速に成長を続けている。この民間経済部門の拡大により、経営・管理人員や専門職など、膨大な数の中間層の就業機会が生まれてきている。

第二に、教育は中間層形成にとって欠くことのできない推進役である。一九七八年以降、中国政府は、改革の初期段階の大学再開からその後の高等教育予算の拡大まで、全国的に高等教育を強化し、拡充するための継続的で真摯な試みを展開してきている。こうした努力が、新興中間層の社会基盤の急速な拡大というかたちで実を結んできている(Lu 2002, 2004; So 2003; Zhang 2005)。表2・5は、一九七八年から二〇〇四年にかけ、単科大学ならびに総合大学に入学した学生の数が、急速に拡大したことを示している。たとえば高等教育機関に通う学生総数は、一九九九年から二〇〇三年の間に三倍増している。大学卒業者は、新興中間層の経営人員・専門職階層の主力を形成していった。加えて、政府による大学卒業者の集中職業配置制度(中国語では「統一分配」)が次第に廃止されていき、大学卒業者は職探しやキャリア追求に関してより自律的になっていった。たとえば一九九三年までに、「その年の卒業者の七割までが自分で雇用先を見つけた」と指摘されている(Davis 1999, p.30)。大学卒業者に対する就職市場の自由化は間違いなくキャリア流動性を高め、それがひいては中間層の成長に貢献したと思われる。

第三に、外資の流入が、中国における中間層的職業の増殖を促進した。海外直接投資の中国流入は、一九七八年以降、劇的に増大した。たとえば、ポスト毛改革の最初の二〇年間、一九七九年から一九九九年にかけ、中国は三〇六〇億ドルの直接投資を海外から惹きつけたが、これは世界的に見て米国に次ぐ数字だった(Gallagher 2002, p.346)。ポスト毛時代の中国指導部は、「経済特区」(SEZ)を設置することで、一九七〇年代に外資に対する門戸を開放した。深圳、珠海、汕頭、廈門の四都市に設置された経済特区では、「減税措置や行政・関税手続きの簡略化、さらに決定的なことに部品や必需品輸入への非課税措置などを通じて、外資の流入が奨励されていた」(Naughton 2007, p.406)。二〇〇三年までには中国政府は経済特区を六つにまで拡大し、加えて全国レベルの経済・技術開発特区(ETDZ)を五四カ所、新規技術・ハイテク工業開発特区を五三カ所指定し、そのすべてにおいて外資を勧誘するための特別優遇措置を適用した。外資の流入は、多数の中間層向けの就職機会(ホワイトカラー職)の創出につながった。たとえば、ポスト毛中国の外資導入に伴い、欧米風の専門経営人員の一団がはじめて登場したが、今ではこのグループが、中国の経営人員階層の主たる構成要員の一つとなっている。

最後に、国有企業、集団所有企業、ならびに政府機関の国家主導による改革も、中間層の登

表2.5　四年制単科大学・総合大学の在籍学生数（1978年～2004年）

年	その年の入学者数（単位：1万人）	総学生数（単位：1万人）	その年の卒業者数（単位：1万人）
1978	40.2	85.6	16.5
1980	28.1	114.4	14.7
1985	61.9	170.3	31.6
1986	57.2	188.0	39.3
1987	61.7	195.9	53.2
1988	67.0	206.6	55.3
1989	59.7	208.2	57.6
1990	60.9	206.3	61.4
1991	62.0	204.4	61.4
1992	75.4	218.4	60.4
1993	92.4	253.6	57.1
1994	90.0	279.9	63.7
1995	92.6	290.6	80.5
1996	96.6	302.1	83.9
1997	100.0	317.4	82.9
1998	108.4	340.9	83.0
1999	159.7	413.4	84.8
2000	220.6	556.1	95.0
2001	268.3	719.1	103.6
2002	320.5	903.4	133.7
2003	382.5	1,108.6	187.7

出典：本表中のデータは、チャンの著書より引用（Zhang 2005, p.305-306）

場と成長に拍車をかけた。国有企業、集団所有企業の改革により、これら企業の経営陣はホワイトカラーの専門職に変わったが、これはまさに新興中間層の一端を担うものである（Goodman 1999; Zheng and Li 2004; So 2003）。この経営人員の集団は、中国の経営人員階層最大の構成要素であり、膨大な個人的財産や社会的ステータスを獲得するに当たって、ポスト毛時代の国有企業改革をフルに活用した（Goodman 1999）。さらに、経済発展を促進する目的で遂行された中国共産党主導による政府機関改革により、各レベルの政府機関は、雇用や昇進に当たり、これまで以上にその人間の功績や専門知識・技能に重きを置くようになった。こうした変化は間違いなく、一党独裁国家労働者の旧来の地位を、ホワイトカラー専門職という新しい地位に代えていった。もっともこのホワイトカラー専門職も雇用に関しては、依然として国家に依存している図には変わりはない（Zhang 2005; Lam and Perry 2001）。

制度への取り込み

ポスト毛時代の一党独裁国家も、新興中間層を国家の社会経済的、政治的活動範囲に取り込むべく、制度的措置をとるようになった。これらの制度的措置を説明する言葉としてもっとも適切なのは、おそらく「国家コーポラティズム」であろう［★19］。マーガレット・ピアソンが一九九七年の著作で指摘しているように、一九八〇年代初頭より、こうしたコーポラティズム的措置は、一党独裁国家と、新興中間層や私営企業家などをはじめとする新たに台頭した社会階層との関係に、重大な影響を及ぼしてきている（Pearson 1997）。その結果、中間層は一党独裁国家によって創出されただけでなく方向づけも与えられてきている。

より具体的には、ポスト毛時代の国家は、中間層と国家の間の関係をかたち作るべく、二つの鍵となる制度的措置をとった。一つは、新興中間層を中国共産党に取り込むことである。たとえば、一九九九年に、深圳、合肥、漢川、鎮寧という四都市における共産党員の大多数は、新興中間層の構成員であった（Lu 2002, p.36）。表2・6が示すとおり、政治エリート（国家問題、社会問題担当行政人員）を除くと、党籍の割合は中間層（経営人員、専門職、事務職などで構成）で最大であった。対照的に、下層階層（毛時代には先導階層だとみなされていた労働者や農民などで構成）は、党籍の割合では最下位であった。こうした傾向が示すのは、一党独裁国家が、党機関を通じて、中間層や私営企業家などの新興中間層を取り込む努力を倍加したということである。中間層が中国共産党の党籍をもっているということは、一党独裁国家は社会集団をコントロールし動員するために、さらにはこうした集団との政治的結合を強化するために、依然として党組織を利用しているという事情から、中間層と一党独裁国家との間の緊密な関係を示すものと考えられ

表2.6 1999年段階の4都市における10の社会階層における共産党員の配分

	深圳	合肥	漢川	鎮寧
国家問題、社会問題担当行政人員	100.0	77.5	100.0	100.0
経営人員	35.7	58.8	53.8	-
私営企業家	22.2	24.4	9.1	0.0
専門職	27.2	25.2	17.8	24.0
事務職（「辦事人員」）	28.2	40.7	54.5	46.3
自営業者（「個体戸」）	13.7	10.4	7.7	5.2
サービス業労働者	10.4	7.6	10.6	3.9
工業労働者	0.0	13.3	5.9	10.3
農民	-	-	4.3	5.2
無職および準無職者	2.0	9.1	1.8	3.9

出典：本表上のデータは、ルーの著書より引用（Lu 2002, p.35-36）

る。

中国共産党は、国家を新興中間層と結びつけるべく、党組織以外の組織を躊躇することなく活用してきた。こうした組織には、政府の主宰する業種組合や国家の認定した宗教組織や教会、政府が後援するスポーツ、リクリエーション協会などが含まれている。こうした組織の性質には二面性がある。一つは政府から認可を受け、国家の指令をメンバーに伝達することが想定された組織という姿であるが、もう一つは、少なくとも理論上は、メンバーの利害を国家に対して伝えるという役割をもっているはずの組織である。

我々の実施した三都市調査から得られたデータを見ると、中間層市民のほうが、下層階層市民よりも、こうした組織に参加する傾向が強い。調査対象のうち中間層のおよそ四七・三％までが、本調査が調べた九件のコーポラティズム的組織の、少なくとも一つに参加している[★20]が、下層階層ではその割合が二三・六％にとどまったことが示されている。こうしたことから、新興中間層は、一連のコーポラティズム的組織を通じて、現政権に組み込まれてきていることが見て取れる。

3　要約と結論――中間層の社会政治的特性

本章では、二つの重要な疑問に対する答えを追い求めてきた。今日の中国における中間層とはだれのことか、そしてこの階層を創出し、方向づけるうえで、一党独裁国家はどのような役割を果たしてきているのか、の二つである。客観的アプローチの定性派分派の議論に則り、経営人員、専門職、事務職（中国語では「辦事人員」）という三つの職業集団を組み合わせることで、中国の中間層という概念を操作可能にしてみた。三都市調査の結果から、北京、成都、西安の都市部住民のうち、およそ二四・四％までが、客観的に概念化された「中間層」に属することがわかった。

欧米の中間層とは異なり、中国中間層の発展は国家の影響を色濃く受けている。ポスト毛時代の社会経済的変換において一党独裁国家が果たしてきた圧倒的役割に鑑み、中国の新興中間層は国家によって生み出され、方向づけられてきたものであり、当然のことながら、国家と緊密に結びついたものであると考えられる。本章でこれまで示してきたように、国家は、たとえば民間経済の合法化、国有企業、集団所有企業の改革、一党独裁国家諸機関の再編など、一連の政策をとってきたが、これらがポスト毛時代の新興中間層の発展に適した環境を涵養してきた。同時に、国家は中間層に属する個人を中国共産党党員として迎え入れたり、コーポラティズム的組織を改編したりするような制度的措置をとり、それが中間層と国家の間の政治的結びつきを強化する結果となっている。総合的にいって、新興中間層が出現し、拡大している間に形成された一党独裁国家と中間層の間の結びつきは、この階層の民主主義や民主化に対する姿勢や行動の志向性に、非常に重大な影響を与えてきているに違いない。以下の章では、この影響について、より掘り下げた検討を展開する。

第3章

中国の中間層は民主主義と共産党政府をどのように見ているか

前章では、ポスト毛時代の新興中間層誕生と拡大において、一党独裁国家が果たしたきわめて重要な役割を素描した。また、中間層が享受してきた一党独裁国家との結びつきや、ポスト毛改革以降、中間層が国家から得てきた恩恵は、かならずや民主主義や民主化に対するこの社会階層の姿勢に影響を及ぼしているに違いないことも示唆した。本章では、中間層の民主主義支持の度合いと、中国共産党ならびに中国政府に対する支持の度合いを検討する。そのなかで、以下の三つの相互に関連する疑問に答えていきたい。すなわち、①下層階層との比較において、中間層はどの程度、ポスト毛時代の中国における民主的価値や民主的制度を支持しているか、②同じく下層階層との比較において、新興中間層はどの程度、現在の中国共産党政府を支持しているか、そして最後に、③中間層の中国共産党政府支持は、中国における民主主義や民主化の支持に影響を及ぼしているか、の三つの疑問である。

本書の冒頭で紹介した中間層と民主化を扱っている学者の間でも、こうした疑問に対しては明快なコンセンサスが見当たらない。さらに、こうした過去の研究には、中間層に属する個人の体系的確率標本［★1］に根ざしたものはほとんど皆無であるが、実はこうした標本こそが、中間層の民主主義支持のレベル、ならびに中国政府支持のレベルに関して、堅牢で決定的な発見をもたらし得るのである。このギャップを埋めるべく本章では、中間層の民主主義と現政府に対する支持のレベルを見極め、この二種の支持の間の関係を探るため、二〇〇七年末と二〇〇八年初頭に、中国の三都市で実施した確率標本抽出調査のデータを使用する。この目標を達成するため、本章ではまず、中間層の民主主義と共産党政府に対する支持を操作可能なかたちに変換して計測し、そのうえでこれら二種類の支持の間の相関関係を探る。最後に、実証的調査結果の理論的、政治的含意について論じる。

1　中間層の民主主義の見方

これまでの研究（たとえば、Almond and Verba 1963; Dahl 1971; Huntington 1991; Gibson; 1995; Chen and Zhong 2000 など）で、中国を舞台にしたもの、中国以外を舞台にしたもの双方を使い、一連の民主主義的規範や制度に対する積極的姿勢としての民主主義支持を数量化して、操作可能なものに変換した。ジェームズ・ギブソンの民主主義に対する支持に関する著作集によれば、民主主義の支持者とは、「個人の自由を大切にし、政治的に寛容で、政治権威に対して一定程度の不信を抱いているが、同時に市民同胞を信頼しており、従順だが、にもかかわらず国家に対して権利を主張するにやぶさかでなく、国家というものは法律に規制されているとみなし、基本的民主制度や過程を支持する人のことを指す」(Gibson 1995, p.55-56)。本研究では、権利意識、政治的自由度、大衆参加という三つの民主主義的規範と、大衆参加、自由競争選挙による政府指導者の選出という、民主主義に根本的な制度に対する姿勢を尺度として、回答者の民主主義支持の度合いを計測する。これらの規範や制度が民主主義の原則を表しつくしているわけではないが、間違いなく民主主義の中核をなしており、したがって、回答者間の民主主義支持のよい試金石となる。

さらに、以下に展開する分析では、中間層の民主主義支持を、他の社会階層の民主主義支持と比較する[★2]。本書は、中間層の民主主義支持に焦点を当てたものではあるが、このような比較をすることで、現代の中国社会政治的文脈における中間層の民主主義支持レベルを計測できるようになると考えている。

権利意識

権利意識とは、一般市民が個人の権利を認識し、これを積極的に行使したいと思う程度を示したものだ。ギブソン、ダッチ、テディンによると、「一般市民が自分たちの権利について目を配っている限り、民主主義は栄える」(Gibson, Duch, and Tedin 1992, p.343)。加えて、中国では伝

表3.1　権利意識

	中間層の肯定率（％）	中間層以外の肯定率（％）
働く権利	94.0	93.6
教育・訓練を受ける権利	94.6	94.5
公開情報に自由にアクセスする権利	93.1	94.2
個人的交信、電話通話などのプライバシー権	93.2	94.2
海外渡航の権利	91.1	90.2
国内居住地を自由に選ぶ権利	81.9	82.9
信仰の自由と良心の自由	85.9	85.8

註：数字は、各権利は常に保護されるべきだと主張した回答者の割合を示す。中間層回答者の総数は739人。対する中間層以外の回答者数（私営企業家、民間資本家、政府高官を除く）は、2,330人。

統的文化がこの民主主義的規範に反すると考えられているので、個人の権利の存在を信じているかどうかは、きわめて重要かつ感度の高い民主的価値の指標となる。中国の伝統的文化は集合的（ないしは集団的）利益を優先し、個人の権利よりも政府の権威を優先するため、個人は自分たちの権利を主張できる立場に置かれるべきではないと考えられている（たとえば、Pye 1992 など）。

他の社会階層との比較で中間層がどれほど強い権利意識をもっているかを測るべく、今回の調査回答者にはいくつかの具体的権利を取り上げ、それらは何があっても保護されるべきだと考えるか、状況次第だと思うかを問うてみた。この質問に対する中国中間層とそれ以外の階層に属する都市部住民の回答は表3・1にまとめてある。

中間層以外の階層の回答者の場合と同様、中間層回答者の九割以上が、働く権利、教育を受ける権利、公開情報に自由にアクセスする権利、個人的通信のプライバシー権、さらには自由に海外に渡航する権利などの個人の権利に関しては常に保護されるべきだと回答した。加えて回答者の八割以上が、国内居住地を自由に選ぶ権利、信仰の自由の権利などの個人的権利も保護されるべきだと回答している。こうした回答から、他の社会階層と同様、中国の中間層構成員は、自分たちの個人的権利の保護に対して非常に積極的であることがわかる。

（秩序維持との比較における）政治的自由の価値

旧ソヴィエト連邦や中華人民共和国などの転換期社会における一般市民が、政治的自由をどのように評価しているかに関しては、少なくとも二つの別個な見方がある。旧ソ連でこれを研究した学者集団は、「民主主義には、そのために秩序が乱れることが予測されても政治的自由を大切にする市民層がぜひとも必要である」と見る（Gibson et al. 1992, p.341）。したがって、こうした研究者の場合、旧ソ連における民主主義への大衆的支持レベルを計測する方法を設計するに当たり、政治的手段、ならびに原則の総体としての民主主義を支持する回答者は、秩序よりも自由を選択するに違いないと仮定している。そのうえで、ギブソンとその共同研究チームは、「秩序に対する強い選好」（Gibson 1995, p.80）をもつ政治文化（すなわちソ連の政治文化）のなかですら、民主主義支持者は自由を秩序に優先させる可能性が高いと示唆している(Gibson et al. 1992; Gibson and Duch 1993; Gibson 1995 参照)。要するに、これら研究者の理論的アプローチは、秩序よりも自由を重んじる態度は、ほぼ無条件で民主的制度や原則の支持と正の相関関係にあるということを示唆しているのだ。

他方、中国の政治文化の特異性を強調するなかで、中国人は特定の民主主義的原則を概念化したり、優先順位をつけたりするに当たって、他の社会、とくに欧米社会とは違ったやり方をとると論じる中国研究者もいる(たとえば、Nathan 1990, 1997; Scalapino 1998 など)。より具体的には、たとえばネイサンが述べているように、社会秩序と民主主義の関係に関しては、中国の政治文化には、「民主主義というものは社会的調和(あるいは秩序)に資するものでなければならない」(Nathan 1997, p.204)という思い込みが見られる。それどころか、中国の政治文化は、個人の権利や自由よりも、社会秩序や集合的利益のほうに重きを置く。パイが指摘しているように、中国人の大半は「秩序の必要性を完璧に受け容れる」(Pye 1992, p.123)。中国都市部に関する過去の調査研究から得られた実証データのなかにも、この見方を裏打ちしているものがある(Chen and Zhong 2000)。文化的要素に加え、物質的利益も、中国の中間層に民主化や民主主義よりも、社会秩序のほうを重視させている可能性がある。これは、いまだに国民の大多数が中間層よりも

表3.2　政治的自由の評価（秩序との対比において）

	中間層の肯定率（%）	中間層以外の肯定率（%）
一般的にいって、デモ行進は多くの場合無秩序になり、交通などの妨げになるので許可されないほうがいい（不同意）	22.9	35.6*
市民が政府外に組織を形成するとコミュニティの調和が乱される（不同意）	23.5	37.4*

註：括弧内は、質問に対する回答に見られる「政治的自由」への姿勢を示す。中間層回答者の実数は739人。対する中間層以外の階層の回答者数（私営企業家、民間資本家、政府高官を除く）は2,330人。

*　中間層と非中間層の回答の差は、0.05レベルで統計学的に有意。

下の社会階層に属しているような社会では、たとえば職業上の流動性や雇用の安定、私有財産の所有などの物質的利益が、社会的無秩序によって損なわれる可能性があるからである。シャオが指摘しているように、中国の中間層は、民主化が社会的混乱を引き起こし、自分たちの自己利益を損なうと認識した場合には、これに抵抗する可能性がある（Xiao 2003, p.62）。

これらの二つの見解を検証するため、政治的自由と社会秩序の間の相反関係を想定した質問を二つ作り上げた。表3・2は、中国三都市における中国の中間層と下層階層の、この二つの質問に対する回答をまとめたものである。

全体的にこの表は、中国の中間層の政治的自由支持は、絶対的にも相対的にも、あまり強くないことを示している。仮にそれが秩序を乱し、交通などの障害になったとしても、政治的自由の表現としてのデモ行進を許可すべきだと考えている中間層回答者は、わずか約二三%に過ぎず、逆に非中間層回答者の肯定率は約三六%に上った。同様に、たとえそれがコミュニティの和を乱すことになっても、政府外に自分たち独自の組織を作ることが許されるべきだと回答した中間層回答者は二四%にとどまり[★3]、非中間層回答者の三七%を下回る結果となった。こうしたデータからわかるのは、中国の中間層は、自分たちの権利について気を配るようになってきたとはいうものの、それでもなおかつ、政治的自由よりも社会秩序に重きを置いているらしいということである。これは、上に紹介した二つの見解のうちの一つ、政治的自由と社会秩序の乱れの可能性を競わせた場合、中国の中間層は、間違いなく後者を重視するという見解を明らかに裏打ちしている。

参加規範の支持

もう一つの重要な民主的価値は、一般市民の政治参加である(Almond and Verba 1963 参照)。多くの民主主義研究者が指摘しているとおり、民主主義とは、その社会の市民が政府をコントロールする制度のことをいう。民主的社会では、政治的パワーは、その社会に生活する人々に起因し、その人々によって政府に預託されるものである(Dahl 1971; Locke 1967; Macridis 1992, chapter 2)。したがって、民主主義を支持する市民は、こうした市民の権力を行使するために積極的に

表3.3　政治参加規範の支持

	中間層の肯定率（%）	中間層以外の肯定率（%）
政府指導者は家父長のようなものだ。彼らの決めたことにはかならず従うし、政府の政策決定に参加する必要はない（不同意）	24.9	33.7*
政治改革措置は、政党や政府が始めるべきことで、私のような一般市民が開始すべきものではない（不同意）	28.1	40.1*

註：括弧内は、質問に対する回答に見られる「政治的自由」への姿勢を示す。中間層回答者の実数は739人。対する中間層以外の階層の回答者数（私営企業家、民間資本家、政府高官を除く）は2,330人。
*　中間層と非中間層の回答の差は、0.05レベルで統計学的に有意。

政治に参加することになる。中国では、政府に一般市民が影響力を行使するという伝統がないといわれているので、この政治参加規範に対する支持は、中国における民主的価値支持のきわめて重要な指標となる。中国の政治文化は、儒教に根ざしているといわれている。儒教は権威に対する服従を重視し、賢人に国を治める「天命」を付託する（Pye 1992）。

今回の調査では、この政治参加規範に対する支持を測るため、二つの調査項目を加えてみた。一つは政府の政策決定一般に対する市民参加に関するものであり、もう一つは主要政治変動を引き起こすうえでの市民の役割に関するものである。この二つの項目の頻度分布は、表3・3に示したとおりである。

調査結果は、参加規範に対する支持は、絶対的にも相対的にも、中間層においてはかなり低いということを明確に示している。中間層回答者のわずか四人に一人(二五%)だけが、政府の政策決定への市民参加を支持し、政治改革を始めるに当たって、一般市民が何らかの役割を果たすべきだと考えている中間層回答者は、全体のわずか三分の一(二八%)に満たなかった。他方、中間層以外の社会階層の回答者の場合、上記の二つの質問に関し中間層よりも高い数値を示した(表3・3参照)。こうした結果から、中国の中間層は、もっとも重要な民主主義の原則の一つと考えられている政治参加規範を、あまり支持していないと推察される。

競争的選挙への支持

民主主義研究者の大半は、独立した政治組織間で複数の候補が立候補して競合するタイプの選挙は、民主制度の機能には欠くことのできない要素だと考えている(たとえば、Schumpeter 1947; Dahl 1971; Huntington 1991)。こうした研究者は、このような制度化されたプロセスを通じてこそ、はじめて人民の主権に立脚し、人民の共通益に供することのできる政府を作ることができると確信している。シュンペーターが指摘しているとおり、民主主義とは、「票を獲得するための競争を候補者にさせることで、有権者が決定権を手にする政治決定制度」(Schumpeter 1947, p.269)である。したがって、競争的選挙に対する信奉は民主的価値の不可欠な要素であり、非民主的政権から民主的制度に移行する際、民主主義支持者がかならず手に入れなければならないものとみなされている(Gibson et al. 1992)。

競争的選挙に対する支持は、中国社会においてとくに関心のもたれる領域である。というのも、中国本土では一九四九年以降、政府指導者の完全に競争的な選挙(多候補者・多政党間選挙)は一度も見られていないからだ。加えて、中国研究者の一部が指摘しているように、「中国の政治文化は、生来、非民主的なものだと考えられているので、競争的選挙に対する支持の程度を調べるというのは、とくに意味のあることだ」(Chen and Zhong 1998, p.32)という見方もできる。

競争的選挙支持の度合いを計測するため、三都市調査に当たっては、二つの調査項目を使ってみた。一つは、政府の各レベル(中国語では「各級」)における政府指導者の多候補者間選挙全般に関するものであり、もう一つは、選挙における政党間の競争に関するものだ。この二つの調査項目を使った調査の結果は、表3・4にまとめてある。

政府指導者の多候補者間選挙に関しては、中間層、非中間層とも、ほぼ同程度の割合(七〇%)でこれを支持している。しかし、多政党間選挙となると、中間層回答の間における支持者の割合は二五%となり、非中間層の支持率三九%を下回った。こうした調査結果からは、中間層回答者の大半は競合的な多候補者間指導者選挙を支持するが、ただしこれは、「多政党間」選挙

表3.4　競争的選挙への支持

	中間層の肯定率（%）	中間層以外の肯定率（%）
各レベルの政府役人は、多候補者間選挙で選出されるべきだ（同意）	69.9	71.2*
政府指導者選挙で、多政党間競合は許されるべきではない（不同意）	24.9	38.7*

註：括弧内は、質問に対する回答に見られる「政治的自由」への姿勢を示す。中間層回答者の実数は739人。対する中間層以外の階層の回答者数（私営企業家、民間資本家、政府高官を除く）は2,330人。
* 中間層と非中間層の回答の差は、0.05レベルで統計学的に有意。

ではないという条件付の支持であることが明らかに見てとれる。現実には、ほとんどすべてのレベルで中国共産党が常に選挙を牛耳り、圧倒してきており、選挙に参加する複数のいわゆる「民主政党」は、政治の場においては最善の場合でも協議団体的役割を果たすだけなので、多政党間競争選挙の拒絶は、現在の一党独裁選挙制度（その範囲内での多候補者間選挙）の受容を意味するように思われる。

民主的下位次元間の相互関連性

これまで、民主的価値と制度に対する上述の四通りの姿勢は、より包括的な個人の信念体系の一部分であると示唆してきた。こうした姿勢に関するそれぞれの尺度は、それ自身、相互に関連しているものと思われる。この相関関係を探るため、中間層と非中間層双方のこうした四通りの姿勢に対し、因子分析を加えてみた。この因子分析から得られた結果からは、四通りの姿勢のうち一つだけ、初期分散の四五・六％を説明できる支配的因子が浮かび上がった［★4］（図3・1参照）。四組の姿勢のうち三組まではこの因子と強い因子負荷量を見せる一方、残りの一組は中程度の負荷量を見せている。四組の質問のうち、政治参加規範への支持に関するものが最大の因子負荷量を見せ、政治的自由の評価と競争的選挙の支持に関するものも、民主主義支持と強い相関関係を見せた。

権利意識に関する質問群の因子負荷量だけが、あまり強くない結果を示した。この理由として一つ考えられるのは、この質問セットに対する回答には分散が欠けていたという点であろう。前述のとおり、今回の調査の標本のうち九割近くが、質問票に含まれていた個人の権利はすべて、常に尊重され、保護されるべきだと回答していたからだ［★5］。

こうした因子分析の結果から、民主的価値や制度に対する回答者の姿勢には、相当程度の一貫性があると結論づけることができる。換言すれば、民主的価値のうちの一つを支持する回答者は、他の価値も支持する傾向が強いということだ。こうした民主主義の下位次元の支持に関し、中間層、非中間層の双方でこれだけの一貫性が見られたので、この因子分析の因子スコアを、今後の多変量分析のなかでも民主主義支持の集合的指標として使用することとする。

図3.1　民主主義の下位次元間の相関関係

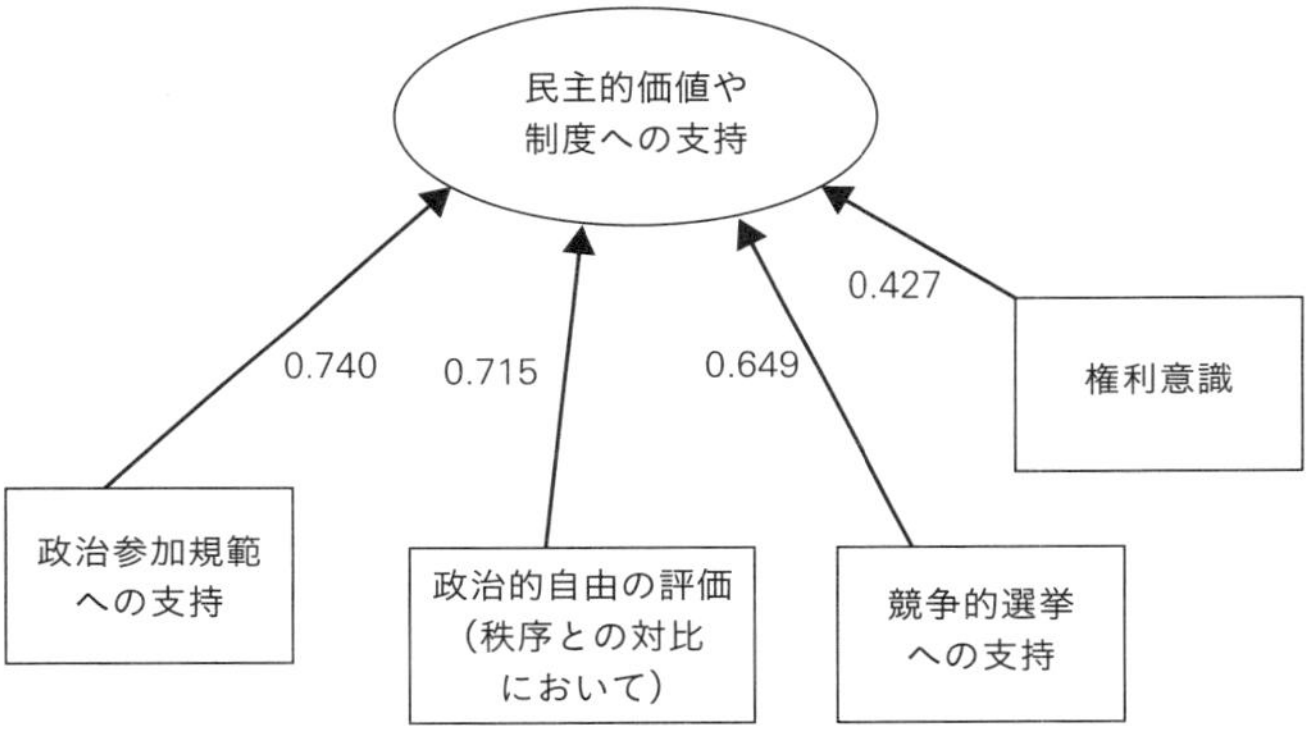

要約

中国都市部の中間層は、どの程度、民主主義の基本的価値や制度を支持しているのだろうか。この疑問に対する答えは、我々の分析によれば二通りある。一つは、より下位の社会階層のメンバーの大半と同様、中間層の大半は、自分たちの自己利益と密接にかかわるような個人の権利に関しては敏感であるという点である。しかしながら他方では、中間層の大半は、（公開のデモ行進への参加や、独自の政治組織の立ち上げなどの）政治的権利の行使が社会秩序を乱す可能性がある場合、これを行使することを躊躇するし、政府の仕事に口出ししたり、政治変動の始まりに一役買ったりする気はないし、競争型選挙を支持するのは、現行の一党独裁もしくは一党が圧倒する選挙制度のなかに限ってのことだというのだ。中間層全体としては、こうした分野での民主主義的原則や制度の支持率は、より下位の社会階層のそれよりも低いことが見てとれた[★6]。

全体的に、新興中間層は、自分たちの個人的権利を保護してもらいたいと思っている反面、民主的制度に向けての政治変動を支持したり、参加したりすることには積極的でないように思われる。調査結果は、現代中国の中間層は、「中国共産党の権力が自分たちの経済的、社会的利益を侵害するのを効果的に抑制できる「抑制と均衡のシステム」を期待する」(Chen 2002, p.416)ものの、民主化に向けての政治変動を支持したり、これに参加したりする気はないものだとする、現代中国の中間層に関するこれまでの研究成果を裏打ちしているといえるかもしれない(Goodman 1999; Chen 2002; Xiao 2003; Zheng and Li 2004; Zhang 2005)。加えて、こうした結果は、一九九〇年代中頃のアジア太平洋地域の中間層に関する観察と一部呼応する。たとえばシンガポールでは、中間層の大多数は、現行の権威主義的政権が自分たちの物理的ニーズを満たしてくれる限りは、非民主主義的政府を受容することが見てとれた(Lam 1999; Rodan 1996)。マレーシアでは、急速に成長する中間層、なかでもマレー系の中間層が、権威主義的傾向を強める国家を積極的に支持するグループと、政治的に無関心なグループに分かれていった(Bell 1998; Jones 1998; Torii 2003)。インドネシアでは、新興中間層は、現状維持の側にしっかりと立っていた(Bell 1998;

Jones 1998)。台湾と韓国の場合、民主化に成功したものの、中間層が民主化を推進するうえで果たした役割は、いくつかの研究で疑問視されている。これらの研究では、韓国と台湾双方において、新興中間層は民主主義を推進するうえでほとんど役割を果たさず、彼らの階層の利益は開発独裁国家のほうに結びついていると指摘している(Brown and Jones 1995; Jones 1998)。

中間層の民主的価値や制度に対する姿勢の特性は、三都市の確率標本抽出調査のデータにも示されているが、数多くの中間層市民を対象に行った詳細聞き取り調査の結果により立証されるし、よりいっそう明確化される。例として、以下の事例を考えてみよう。

第94氏は、西安市[★7]の財務局で一五年以上勤務してきた。聞き取り調査時、彼は局内の監査課の課長を務めていた。同氏に対する聞き取り調査は、流行の喫茶店で実施された。はじめは彼の家族について話を聞き、北京の有名大学に通う息子のことを誇りに思っていることを聞き出した。緊張をほぐすためにとりとめのないことを数分ほど話した後、中国における民主主義と民主化について、思うところを話してもらえるよう依頼した。以下は、彼の説明の要約である。

> 中国では、それに見合う社会的インフラに欠けているため、欧米型民主主義は適してい

ない。現在の制度が中国にはちょうどよい。第一に、現行の制度には、大規模災害に迅速に対応し、社会秩序を効果的に維持するために、中央に集中した権力を使うことができるという利点がある。たとえば四川大地震の際、物資を地震被災地域に迅速に配布し、社会秩序を維持するうえで、中国政府は効果的な役割を果たすことができた。加えて、(下層階層の)人民は民主的政治制度をよく理解していないので、民主主義の導入は、社会に無秩序と混乱をもたらしてしまうだろう。今、我々がなすべきは、単に欧米を模倣するのではなく、我々自身の「社会主義民主主義」を向上させていくことだ。民主主義はよいことだが、それにはまず集中化が必要だ。代議制民主主義ないしは「全人民」民主主義は、現在の経済発展にある程度までマイナスの影響を及ぼすだろうから、民主主義的集中主義が必要となる。つまり、党主導の大衆との制度的協議が必要だ。

2　中間層の中国共産党政府に対する見解

前述の、中間層の民主主義支持のレベルに関する今回の調査結果に加え、これまで主として中間層が現行の権威主義的国家と結びつき、その存在を多としているという理由で、中国の中間層は民主主義を支持していないように思えることを示してきた。第四章で中間層の民主主義支持と、同階層の国家支持の間の関係を検証する前に、ここでは中間層の国家支持そのものを、とくに下層階層との対比において詳細に検討する。これを行うことにより、中間層の民主主義支持の主たる要因に関する、よりニュアンスに富んだ理解が可能になると期待される。

現在の中国共産党政府に対する、中国中間層の全般的姿勢に関する最近の研究には、少なくとも三つの異なった見解が見られる。一つは、新興中間層は、そのメンバーの大半がポスト毛時代の国家主導型発展において「他の社会階層に比べて、心地よいライフスタイルと高い社会経済的地位を享受している」(Wright 2010, p.83) ので、政府を強く支持しているという見方。二つ目は、新興中間層は、さまざまに異なる社会政治的背景から生まれ、その出自が中間層の政治姿勢のさまざまな部分に別個の影響を及ぼしているので、政府に対する一貫した姿勢というものをまだ形成しきっていないという見解 (たとえば、Liang 2011, p.260)。三つ目は、もっとも最近の分析において見られるもので、政府の現在の政策の多くはGDPの成長のみを目指したものであり、子供の教育や都市部の住宅供給などの中間層の基本的利益を害してきているので、新興中間層の大半は、ますます中国共産党政府に批判的になってきているという見解 (たとえば、

Yang 2011; Zheng 2011 など)。

しかし、これまで引用してきた中国共産党政府に対する中間層の姿勢全般に対する見方のなかには、この社会階層の代表確率標本抽出調査に基づいたものは一つもない。そこで、三都市における確率標本抽出調査から得られたデータをもとに、以上の三つの互いに相反する見解を評価してみることとする。

政府支持の定義

中間層とそれ以外の社会階層における政府支持(もしくは政治的支持)を計測するに当たっては、デイヴィッド・イーストンが開発した理論的枠組みを土台としている(Easton 1965, 1976 参照)。イーストンは政治的支持を次のように定義する。「AがBを代表して行動するとき、あるいはBに好意的な立ち位置をとるとき、AはBを支持しているといえる。Bは個人である場合も、集団である場合もあるし、目標である場合も、考え方である場合も、制度・機関である場合もある。支持的行動を公然支持と呼び、支持の姿勢や感情を隠れ支持と呼ぶ」(Easton 1965, p.159)。本研究では、この隠れ支持を、政府支持、あるいは政治的支持と呼ぶ。

イーストンによれば、政治的支持には、「拡散的支持」と「特定支持」の二つの次元がある

(Easton 1965, 1976 参照)。この二つのうち、影響力が強いとみなされることの多い「拡散的支持」は、政府の根本的価値や規範、さらには政府の制度・機構に関する政権支持を表す。市民は、根本的価値や規範、さらには制度・機構に関する個人の評価を土台とした拡散的支持によって政権と結びついていると考えられている。したがって、政権に対する拡散的支持は、政治体制の「正統性に対する信奉」であるともみなされる(Easton 1965, chapter 18)。この概念化に従えば、本研究で使われている「拡散的支持」とは、具体的には、現在のポスト毛政権が打ち出している根本的価値と、政権が国を治めている政治制度・機構に対する中間層の支持の姿勢を指す。

政治的支持のもう一つの次元である「特定支持」とは、現行政府の特定の政策や業績に対して、個人が満足していることを表す。イーストンは、この支持の次元は、「特定の対象」に対するものであり、「市民は、政治制度の名のもとでとられる日々の活動に責任をもつ政治権威を認識しているか、もしくは認識し得る」(Easton 1976, p.437)としている。個々の市民は、政治権威の実際の政策アウトプットに関する認識と評価に起因する特定支持を通じて、政治権威と結びついている。この概念化の土台の上に、本研究では、特定支持は、主要社会経済問題(たとえば、インフレ、住宅供給、職の安定、雇用、社会秩序、汚職など)に対処するために中国の現行の中央政府が策定した公共政策に対する中間層の積極的評価を意味することとする。

政治的支持の二つの次元の計測

政治体制もしくは政権の正統性に対する拡散的支持という概念を活用可能にすべく、多くの研究者がこの概念の主要な側面をいくつかあげている。リプセットの見るところ、政権の正統性は、社会で一般的となっている政治制度に対する感情に結びついている(Lipset 1981)。デイヴィッド・イーストンは、政権正統性(ないしは、イーストンが使い始めた用語でいうと「拡散的支持」)を、主として政権の価値、規範、制度に対する感情だと見ている(Easton 1965, 1976)。この二つのアプローチを足して、ミュラーとジューカムは、政権正統性概念の操作可能な重要構成要素を三つ抽出している(Muller and Jukam 1977 p.1566)。すなわち、①政治制度が、個人の「何が正しいことか」という感覚とどの程度合致しているかという評価に結びついた感情、②政府システムが、その個人が信奉する基本的政治的価値をどの程度擁護しているかという評価と結びついた感情、最後に③政治権威が、個人の「何が正しいことで、何が適正な行動(ないしは行為)か」という感覚とどの程度合致しているかという評価に結びついた感情、の三つである。ミュラーとジューカムによる政権正統性概念の操作可能化[★8]に従い、一部の中国研究者(たとえば、Chen 2004; Chen and Dickson 2010 など）は、現代中国の市民全般、ならびに私営企業家の政権支持の程度を測る具体的調査手法を設計し、検証している。過去の研究の成果を踏まえ、今回の調査用に、中国の中間層と非中間層の間に見られる現在の政治制度に対する拡散的支持の程度を探るため、七つの調査項目（または、個人の意見表明）を作り上げた。下記のとおりである。

(1) 私は、中国共産党が私の利益を代弁していると信じている。
(2) 私は、中国の今日の政治制度を尊重している。
(3) 私は、全国人民代表大会が人民の利益を代弁し、これに奉仕していると信じている。
(4) 私は、中国人民解放軍が国家を防衛できると信じている。
(5) 私は、警察は公平な法の執行を行っていると信じている。
(6) 私は、司法当局が公平に正義を行っていると信じている。
(7) 私は、自分の個人的な価値観が、政府が唱導している価値観と同一であると信じている。

このうち、(1)から(6)までは、回答者が、政治権威や主要政治機関を、個人の公平感や基本的利益に沿って機能し、権力をふるっているかどうかという観点からどう評価しているかを計測するために設計された。最後の(7)は、中国共産党政権が打ち出している価値や規範に対する感情を測る目的で設計された。回答者は、上記七つのそれぞれにつき、五段階で評価するよう要請される。この五段階では、「1」がもっとも強い不同意を表し、逆に「5」はもっとも強い同意を表す。この七つの「意見表明」を組み合わせ、回答者の現行の中国共産党政権に対する支持の度合いを示す加法指数を作成した[★9]。

この作業の成果をまとめたのが表3・5である。この結果から、二つの重要な発見が得られた。第一に、この表からは、本調査の中間層回答者のスコアは、七つの意見表明（全体で政治体制に対する拡散的支持を計測することになる）のすべてに関して、非中間層回答者のスコアを上回った点があげられる。具体的には、七つの「意見表明」のすべてに同意ならびに強く同意した中

標準偏差	
中間層	非中間層
0.826	0.81
0.74	0.74
0.77	0.74
0.69	0.66
1.00	0.99
1.00	0.99
0.76	0.77
4.03	3.88

表3.5　拡散的支持の分布

	肯定的反応（%）[c]		平均値	
	中間層	非中間層	中間層	非中間層
(1) 私は、中国共産党が私の利益を代弁していると信じている（1-5）[a]	82.8	79.1	4.21	3.86
(2) 私は、中国の今日の政治制度を尊重している（1-5）[a]	85.7	81.1	4.44	4.04
(3) 私は、全国人民代表大会が人民の利益を代弁し、これに奉仕していると信じている(1-5)[a]	84.2	80.0	4.17	3.91
(4) 私は、中国人民解放軍が国家を防衛できると信じている（1-5）[a]	83.6	82.1	4.15	4.10
(5) 私は、警察は公平な法の執行を行っていると信じている（1-5）[a]	65.0	60.4	3.78	3.61
(6) 私は、司法当局が公平に正義を行っていると信じている（1-5）[a]	62.5	58.5	3.72	3.55
(7) 私は、自分の個人的な価値観が、政府が唱導している価値観と同一であると信じている（1-5）[a]	79.3	75.5	4.03	3.71
全指数（7-35）[b]	-	-	27.6	27.9

a　「1」から「5」は、政権支持に関する七つの意見表明のそれぞれに与えられたスコアを表す。1は「強く不同意」、2は「不同意」、3は「まあまあ」、4は「同意」、5は「強く同意」を示す。

b　この加法指標は、7（最低レベルの政権支持を示す）から35（最高レベルの政権支持を示す）までの回答者の政権支持の集合的特性をとらえるべく、七つの意見表明すべてを束ねて作成した。

c　肯定的反応の割合は、それぞれの意見表明に対して「同意」したか「強く同意」した回答者の割合の組み合わせを示す。

間層回答者の割合は、非中間層回答者の割合よりも高かった。この発見は、表3・5に示されている平均スコアからも後押しされる。すなわち、七つの意見表明のそれぞれの平均スコアに関して、中間層回答者のほうが非中間層回答者よりも高かったのだ。さらに、同じく表3・5が示しているように、中間層回答者の拡散的支持指数の平均スコアも、非中間層回答者より高いことがわかった。

表3・5が示すもう一つの重要な発見は、七つの意見表明に対する評価は、中間層回答者、非中間層回答者ともに相当肯定的であったものの、それぞれの評価にはかなり目につくばらつきが見られたことだ。具体的には、中間層回答者、非中間層回答者の双方とも、中国の現在の政治制度への敬意に関する意見表明⑵で最高のスコアを示し、逆に警察と裁判所に関する意見表明⑸、⑹で双方とも最低のスコアを示している。この発見は、この三つの意見表明⑵、⑸、⑹に関して肯定的反応を示した全回答者の割合と、回答者の三つの意見表明の評価の平均スコアによっても立証されている。

要約すると、表3・5に示された結果は、①中国共産党政府の根本的価値や規範、制度・機構に対して、中間層は非中間層のメンバーよりもより強く支持しており、②両グループとも中国の根本的政治制度に対してもっとも高い支持を表明している。

現行の中国共産党政府に対する特定支持という、政治支持のもう一つの次元を操作可能に変換するため、回答者に一〇の政策分野における政府の業績を評価するよう依頼した。その一〇の政策分野とは、インフレ抑制、職の安定、不平等の改善、住宅事情の改善、秩序維持、保健医療サービス提供、税の取り立て、社会福祉、公害対策、および汚職撲滅である。調査実施前に行った質問票の検証と、これまでに実施された他の研究成果(Chen 2004; Chen and Dickson 2010)により、上記の一〇の政策分野は、中間層や非中間層を含む現代中国の大半の人々にとって、死活的に重要であることが証明されている。こうした結果をもとに、一〇の政策分野における政府の業績を回答者がどう評価しているかを計測するため、以下のとおり一〇のアンケート調査項目を設定した。

(1) インフレの抑制
(2) 職の安全保障の提供
(3) 不平等の改善
(4) 住宅事情の改善
(5) 秩序維持

(6) 保健医療サービスの提供
(7) 税の取り立て
(8) 社会福祉の提供
(9) 公害対策
(10) 汚職撲滅

上記項目の一つ一つにつき、回答者には、中国の学校でよく使われる五段階評価を使って、政府の政策業績の成績表をつけてもらうよう依頼した。すなわち、1が最悪、2が良くない、3がまあまあ、4は良い、5はとても良い、という五段階評価である。これら一〇の項目に合わせて、中国共産党当局に対する回答者の特定支持の加法指標を作成した。

表3・6は、三都市調査から得られた特定支持指標に関する上記一〇項目の結果をまとめたものである。少なくとも二つの重要な発見が目につく。一つは、一般的にいって、一〇の政策分野のほとんどで、中間層回答者のほうが非中間層回答者よりも高い点をつける傾向があったという点である。もっとも両集団とも平均点に関していえば、ほとんどの場合、「まあまあ」の評価（3ないしは3以上だが、4よりは下）をつけていた。より細かく見ると、八つの政策分野

表3.6　特定支持の分布

	平均値		標準偏差	
	中間層	非中間層	中間層	非中間層
(1) インフレの抑制 (1-5)[a]	3.4	3.0	0.81	0.83
(2) 職の安全保障の提供 (1-5)[a]	3.3	2.7	0.94	1.01
(3) 不平等の改善 (1-5)[a]	2.4	2.4	1.03	1.09
(4) 住宅事情の改善 (1-5)[a]	3.0	2.8	0.99	1.01
(5) 秩序維持 (1-5)[a]	3.6	3.1	0.93	0.96
(6) 保健医療サービスの提供 (1-5)[a]	3.8	3.0	0.95	1.02
(7) 税の取り立て (1-5)[a]	3.4	3.1	0.89	0.89
(8) 社会福祉の提供 (1-5)[a]	3.9	3.2	0.93	0.94
(9) 公害対策 (1-5)[a]	3.4	3.0	1.03	1.05
(10) 汚職撲滅 (1-5)[a]	2.4	2.4	1.07	1.11
全指数 (10-50)[b]	33.9	28.6	6.56	6.96

a　上記項目の一つ一つにつき、回答者には、中国の学校でよく使われる五段階評価（1が最悪、2が良くない、3がまあまあ、4は良い、5はとても良い）を使って、政府の政策業績の成績をつけてもらうよう依頼した。

b　この加法指標は、10（非常にまずい政策パフォーマンス）から50（最高レベルの政策パフォーマンス）までの回答者の特定支持の集合的特性をとらえるべく、十の項目すべてを束ねて作成した。

（すなわち、インフレ、職の安全保障、住宅、社会秩序、保健医療、徴税、社会福祉、公害の八つ）に関する平均スコアに関しては、中間層回答者のほうが非中間層回答者よりも高かった。加えて、中間層回答者間の全体的特定支持指標の平均スコア（三三・九）も、非中間層回答者の二八・六よりも高かった。

特定支持指標上の一〇項目の結果から得られたもう一つの大きな発見は、中間層回答者の見解と非中間層回答者の見解が、二つの政策分野で合致したことだ。両集団とも、「不平等の改善」と「汚職の撲滅」に関して、等しく低いスコア（「良くない」の範囲内の二・四）をつけている。このことから、中国人民の大多数は、貧富の差の拡大と公務員汚職の頻発の二つが、中国でもっとも忌まわしい社会政治問題だとみなしているという、多くの中国研究者が最近提示している観察が裏づけられる。

総合的には、中国三都市調査から得られた中間層の政治的支持（ないしは中国共産党政府の支持）に関する発見は、より下位の階層と比較して、中間層は現行の中国共産党政権の打ち出す基本的価値、規範、制度をより強く支持し、中国共産党政権の行う政策により好意的に反応する傾向があるということを示唆している。換言すれば、中間層のほうが、イデオロギー的志向性や物質的利益に関して、中国共産党政府に強い親近感を感じているといえそうだ。

民主主義支持と政治支持の間の相関関係

これまで、より下位の階層の回答者に比べ、中間層回答者のほうが、民主的価値や制度に対する好意の度合いが低く、逆に中国共産党政府に対する支持が高い傾向をもつという調査結果を示してきた。加えて、本書の冒頭から、民主主義の支持と中国共産党政府支持の間には強い逆相関関係があるに違いないと指摘してきた。つまり、中間層の民主主義と民主化に対する姿勢は、現行の中国共産党国家との道徳的、制度的結びつきに左右されているということだ。第四章で、さまざまな多要素を一定に保ちつつ行う多変数解析を使ってこの仮説を検証する前に、この民主主義支持と政府支持の間の関係を、二変量解析を使って探ってみたい。この分析は、第四章で展開するより包括的な多変数解析結果を理解するうえで、大いに役立つものと思われる。

中間層の民主主義支持と中国共産党政府支持の間の相関関係を、二変量解析を通じて探るため、民主主義支持と政治的支持の二つの次元の指数の間でクロス集計を実施した。全体像をいうと、表3・7にまとめたこのクロス集計の結果は、政治的支持の二つの次元（あるいは中国共産党政府に対する支持）は双方とも、民主的価値や制度に対する支持と強く負の関係にあることがわかった。このことが意味するのは、中間層のなかで、現行の中国共産党政権の打ち出す基

表3.7　政府支持と民主主義支持の間の相関関係

	中間層の民主主義支持				中間層の民主主義支持		
拡散的支持	高レベル（%）	中間レベル（%）	低レベル（%）	特定支持	高レベル（%）	中間レベル（%）	低レベル（%）
低い	16	36	57	低い	9	30	51
中間	32	38	30	中間	48	60	33
高い	52	37	13	高い	43	10	16
合計	100	100	100	合計	100	100	100
	ガンマー値＝－0.692**				ガンマー値＝－0.664**		

註：拡散的支持と民主的価値の加法指標は、高レベル、中間レベル、低レベルに三分割してある。
** $p<0.01$。

本的規範、価値、制度を支持しているメンバーと、主要政策分野における現政権の政策パフォーマンスに高いポイントをつけているメンバーは、民主主義と民主化をあまり強く支持しない傾向があるということだ。たとえば、中国共産党政府に対して高い拡散的支持を示した中間層回答者のなかで、民主主義に対して高い支持を示したのはわずかに一三%に過ぎないのに対し、拡散的支持の低い回答者の多数派（五七%）が強く（表3・7では、「高い支持」と表記）民主主義を支持している。加えて、高いレベルの特定支持を示した回答者のうち、民主主義を強く支持したのはわずか一六%にとどまったのに対し、政府の施策に低い点しか与えなかった回答者の過半数（五一%）が高いレベルの民主主義支持を示している。また、ガンマー値が示すように、中間層の民主主義支持と同階層の現政権の拡散的支持（ガンマー値＝－0.69）、ならびに現在の政治権威に対する特定支持（ガンマー値＝－0.66）の間の逆相関関係も、相当程度強い点も指摘しておきたい。

総合すると、表3・7に提示されている結果は、新興中間層の民主主義と民主化に対する姿勢は、一党独裁国家との道徳的、物質的結びつきに左右されるという、本書でこれまで確認を試みてきたもっとも重要な仮説と整合している。他の仮説とならび、この仮説についても、今後の各章でより深く探求したい。

3 要約と結論

他の社会階層と比べ、中国の新興中間層は、民主主義に向けての政治転換が見られた場合、どの程度これを支持するのか、また中国共産党政府をどの程度支持しているのか。中間層の民主主義に対する姿勢と、現政府支持の間にはどのような関係があるのか。本章で提示してきたさまざまな観察は、この二つの疑問に対する回答の試みである。この新興中間層メンバーの大半は、民主主義制度下では歓呼して迎えられ保護されるのが典型的対応である個人の権利を重視してはいるものの、デモ・集会の自由や組織立ち上げの自由などの政治的自由についてはこれを忌避している。この人たちは、たとえば政党にまったく制限を設けない政府指導者の完全競争選挙などの民主的制度に関心をもっていないか、政府の問題や政治に関与することに積極的でないかのいずれかである。さらに、中間層は、本研究で特定された民主的価値や制度についても、より下位の階層に比べて好意の度合いが低い。また、中間層の民主主義支持のレベルの低さは、中間層の現在の中国共産党政権に対する支持、ならびに現政権の政策パフォーマンスに対する積極的評価と連関していることもわかった。こうした発見から、中間層メンバーの大半は、中国の民主化や民主主義を支持していないようであり、これはかなりの部分、これらの人々が現在の一党独裁国家と緊密な関係にあり、これに依存していることが原因になっているからだと考えられる。

こうした発見には、どのような政治的、理論的含意があるのであろうか。政治的含意に関していえば、中国の新興中間層は、現段階では、民主主義に向けての根源的政治変動の媒介になる可能性も、その支持者になる可能性も低いということがいえよう。これは、単にこの階層が、本研究で対象とした民主的規範や制度のほとんどを支持していないように思えるからだけではなく、中間層全体が、下層階層よりもいっそう民主主義的姿勢に欠けているように思えるからである。そのうえ、すでに述べたとおり、中間層と国家の間の価値的、物質的結びつきが、中間層の民主化に対する姿勢に大きく影響を与えている。したがって、国家の指導的エリートたちが、今日の独裁的、一党独裁的制度を維持するよう心に決めている限り、中間層が民主主義に対して積極的になる可能性は低いと思われる。

次に、理論的含意でいえば、先に紹介した過去の研究（そのなかには、中国ないしは中国以外の独裁的発展途上国の中間層に所属する個人の確率標本抽出調査に立脚したものがほとんど皆無）に比較すると、中間層に所属する個人の確率標本から得られたデータをもとにしているぶん、本章の発見のほうが議論として堅固であり、かつより確証に満ちたものになっている。具体的には、本研究の成果は、中国のような独裁的発展途上国では、中間層の国家に対する依存と民主主義支持の間に、逆相関関係があることを示している。こうした発見は、二変量解析に基づいた予備的なものではあるものの、それでも上述のように強い二変量相関関係が示された以上、中間層の民主主義支持と中国共産党政府に対する支持の間には逆相関関係があるという見方が、以下の章におけるより堅固な試験をクリアする可能性は高いものと思われる。

第4章

中間層は民主主義をなぜ支持するのか、なぜ支持しないのか

前章では、中間層の民主主義支持や、中国共産党政府支持のいくつかの段階を、下層階層との比較のうえで描写してみた。前章で提示した調査結果は、より下位の階層の回答者と比較して、中間層の回答者の民主主義や民主化への支持は低く、現行の独裁的政府に対する支持は高いことを示している。前章ではまた、二変量解析を行い、中間層の民主主義支持と中国共産党政府支持の間の関係にも検討を加えた。その結果、中間層回答者の二つの支持の間には、かなり強い逆相関関係が存在することがわかった。こうした重要な発見をもとに、本章では、中国における民主主義と、民主化に対する中間層の姿勢に影響を及ぼすと考えられる、一連の社会政治的要素に検討を加えることとする。こうした要素を調べることにより、中国三都市で実施した確率標本抽出調査と詳細聞き取り調査から得られたデータに依拠して、中間層はなぜ民主主義を支持するのか、またはしないのかという根源的な疑問への答えを探してみたい。

1 中間層の民主主義支持に影響を与える社会経済的、社会政治的条件

第一章で紹介した「条件次第」アプローチの論理に従い、中国の中間層の民主主義と民主化に対する姿勢や志向性は、個人レベルでも全社会的レベルでも影響力をもつ重要な社会経済的、

社会政治的条件に左右されるものだと論じたい。とくに、中間層の民主主義支持に大きな影響をもつと考えられる二つの社会経済的、社会政治的要素に注目する。中間層の現在の独裁国家との観念的、制度的結びつきと、同階層の自らの社会的、経済的成功の自己評価という二つがその要素だ。この二つの要素だけで中間層の民主主義支持の源泉が説明しきれるわけでは断じてないが、この二つを調べることで、発展途上諸国の中間層に関する過去の研究が提示している主要な主張を検証することができると思われる。こうした検証の結果は、中国ならびに、中国と類似の発展途上諸国における中間層の民主主義支持に関する理解を深める一助となると思われる。以下、この二つの要素が独立変数として、中間層の民主主義支持に与える影響に関する仮説と、いくつかの制御変数が中間層の民主主義支持に及ぼし得る影響について解説する。

国家への依存

ここで、第一章で要約した既存の研究の主たる議論を繰り返すと、アレクサンダー・ガーシェンクロンは、後発国［★1］では、社会経済発展過程において、国家が先発工業化国の場合よりもより重要な役割を果たすのは普通のことであると論じている(Gerschenkron 1962)。これは、ガーシェンクロンも指摘しているように、後発国は、先発工業化諸国と競合し、全世界的競争を生き抜くためには、自分たちに欠けている資本や企業家精神、さらには技術能力を補うべく、強力な国家というものが必要となるからである。

この後発国における国家の役割という見解と平仄を合わせるかたちで、発展途上諸国では、国家は新興中間層をはじめとする社会階層の創出に関しても、決定的な役割を果たし、したがって、社会階層の社会経済的、政治的特性をかたち作るうえでも大きな役割を果たすと論じる研究者もいる(Bell 1998; Johnson 1985; Jones 1998; Shin 1999)。その結果、「国家は、新たに台頭する社会勢力の政治的明確化において(も)、重要なものとなった」(Rueschemeyer, Stephens, and Stephens 1992, p.223)。この理論的議論に沿って、発展途上諸国の新興中間層は、その台頭と成長を国家に負っているのみならず、国家と共通利益を共有してもいると論ずる研究者もいる(たとえば、Sundhaussen 1991; Brown and Jones 1995; Bell 1998 など)。したがって、発展途上諸国では、中間層は、国家と、国家が認め、そのなかで国家が活動する政治制度を支持する傾向が強い。その結果、ある国においてその政治制度が非民主的である場合、その国の中間層も国家に逆らう愚を避けるため、民主化に背を向ける傾向がある。

他の発展途上諸国の場合と同様、中国の新興中間層も国家に依存する関係となっている。しかし、中国の国家は、社会をコントロールし、中間層をはじめとする新しい社会階層ならびに私営企業家(もしくは「資本家」)を作り出し、これらをかたち作ることにおいて、他の発展途上諸国の国家よりもはるかに有力である[★2]。これは、中国の国家が、中国共産党というレーニン主義政党による一党独裁と、社会経済上のいかなる分野にでも関与できる大権という、他の発展途上諸国には見られない、二つの強力にして独特な柱の上に立脚しているからである(Walder 1995a)。こうした二つの柱に支えられ、中国という一党独裁国家は、民間部門でも公共部門においても、新興の中間層の誕生と成長を効果的に推進することができた。そのため中間層は、一党独裁国家に対する依存をよりいっそう強める結果となった。

まず第一に、中間層市民のキャリアや人生における機会に対し、一党独裁国家が圧倒的な影響力を握っているため、中間層の少なくとも半分は政府機関や党機関、国有企業、公的機関などの公共部門に雇用されている(たとえば、Zheng and Li 2004)。さらに、国家と中間層は、経済成長を推進し、私的財産を保護し、社会秩序を維持し、(とくに依然として人口の大多数を占める下層階層による)大衆政治参加を制限するという根本的利益を共有している(たとえば、Chen 2002; Goodman 1999; Xiao 2003 など)。デイヴィッド・グッドマンが論じているように、中国の中間層は一般に、「一党独裁国家から疎外されていると感じるとか、自分たち独自の政治的発言権を求めるとかなどとはほど遠い状態で」、一党独裁国家と「近く、緊密な協力関係を通じて行動しているように思われる」(Goodman 1999, p.260-261)。

したがって一般的には、中国における中間層の一党独裁国家との結びつき、ならびに国家への依存は、民主主義や民主化に対する姿勢と逆相関関係にある。換言すれば、上述のような中間層回答者の民主主義支持の相対的低さは、主として国家との強い結びつきや依存によって引き起こされているということができるかもしれない。それどころか、この結びつきや依存関係は、現行の一党独裁国家を脅かし得る民主化の支持を引き下げるうえで、下層階層よりも中間層のほうで重要な役割を果たしているといえるかもしれない。これは、下層階層よりも中間層のほうが、国家との結びつきや国家への依存から多くの恩恵を被ってきているからである。今回実施した三都市調査から得られたデータに基づき、一方に中間層の民主主義支持を置き、もう一方に国家との価値の合致や、雇用や昇進に関する国家への依存を置いて、両者間の相関関係に関する上記の仮説を探ってみた。その結果、この両者間の相関関係については、以下がいえることがわかった。

価値合致の影響

中間層と中国共産党国家の間の価値の合致具合は、以下の二つの次元における中間層の政治的支持で測ることができる。一つは、現政権の根本的規範、価値、制度に対する拡散的支持であり、もう一つは、主要政策分野における現政権の仕事に対する特定支持の二つの次元である。市民は、時の政権と拡散的支持を介在して結びついていると考えられており、この拡散的支持は、政府の基本的価値、規範、制度の評価に発していると見られている。他方、市民は、現行の政治権威と特定支持を介在して結びついており、この特定支持は現行の政治権威の実際の政策アウトプットに対する認識と評価に起因している(Easton 1965, 1976 参照)。ここで政治的支持の二つの次元として操作可能化されているこの価値合致は、中国の現在の一党独裁国家と中間層の間の結びつきの土台として機能していると著者は考えている。前章で展開したとおり、本調査の回答者から得た政治的支持に関する結果は、中間層の中国共産党国家に対する拡散的支持、特定支持は、ともにより下位の階層よりも高いことを示している。

中国研究者による現状観察(たとえば、Nathan 1990, 1997,2008; Baum 1994; Ogden 2002; Chen 2004; Pei 2006 など)には、ポスト毛改革が始まって以来、一党独裁国家は、国民の私的生活に対する制限を大幅に緩和しているという兆候に関しては、コンセンサスが見られる。しかし同時に、ポスト毛政権は決して一党独裁を放棄しておらず、また政治的異論に対する厳しい締めつけも取りやめにしたわけではないので、民主的政体からはほど遠いという点でも見解の一致が見られる。全体的には、現在の中国政権の規範と行動はこれまでのところ、デモ行進したり、集会をもったり、政府の問題に関与したりする権利や、多党間で争う競争的選挙など、本研究で調査対象としたほとんどの民主的規範や原則に、反したものになっているといえる(Pei 2006)。したがって、前章でも述べたとおり、現政権を支持する中間層回答者が、民主的規範や制度を支持する可能性は高くないであろうと予想できる。

中間層の、現政権に対する政治的支持と民主主義支持という二つの次元の間の関係をより詳細に探求するため、偏相関分析を行ってみた。この分析では、性別や年齢、教育程度などの主要社会人口統計学的変数を順に一定に固定し、回答者の政治的支持と民主主義支持の間の相関関係を見てみた。政治的支持と民主主義支持の間の相関関係に関する仮説が、こうした人口統計学的要素を変化させても維持できるものかどうかを検証したかったのである。その結果を表4・1にまとめたが、そこには民主主義支持と、二つの次元の現政権支持(すなわち拡散的支持と特定支持)の間の二種類の相関関係が含まれている。つまり、さまざまな社会人口統計学的変数を、一つずつ一定のレベルに固定した前と後の相関関係という二種類である。結果を見ると、ここで検証された主要社会人口統計的要素は、個人レベルでも集合的にも、中間層回答者の民主主義支持と現行政府支持の二つの次元の間の関係に、明らかに意味のある影響をほとんど与えなかったことがわかる。そこで、民主主義支持と中国共産党政府支持の間にある強力な逆相

表4.1　民主主義支持と中国共産党政府支持の間の偏相関関係

	民主主義支持と拡散的支持	民主主義支持と特定支持
⑴相関係数（r）	0.79*	0.59*
⑵偏相関係数（r）		
性別	0.77*	0.56*
年齢	0.71*	0.60*
教育	0.80*	0.61*
上記すべて	0.74*	0.57*

註：民主主義支持の質問項目と、政権支持の二つの次元に関する質問項目をすべて結合し、それぞれ民主主義支持、拡散的支持、特定指示に関する加法指標を作成した。
性別：男性＝0、女性＝1、教育：中等学校修了以下＝1、高校修了＝2、中等教育後専門研修修了＝3、四年生大学修了＝4、大学院レベル修了＝5。
** $p<0.05$。

関関係は、本調査の回答者に関しては、年齢や収入、教育レベル、性別などの主要社会人口統計学的カテゴリーを超えて成立していると結論づけることができる。この発見は、この両者間の相関関係は、人口統計学的要素を超えて成立することを示唆している。中国では、社会人口統計学的要素が、実際には中間層の民主主義支持と中国共産党政府への支持に影響を及ぼしている可能性もあるが、何らかの意味のあるかたちで、民主主義支持と政権支持の間の関係全体に影響を及ぼしてはいないようである。したがって、本研究全体を通じて、この民主主義支持と現政権支持の間の強い逆相関関係は、中間層の間では主要社会人口統計学的特性を超えた、普遍的な現象であるとして扱うことができる。

中間層と中国共産党政府の間の価値合致については、中間層の「政治改革」に対する姿勢からも推し量ることができる。中国中間層の政治改革に対する姿勢を見極めるべく、回答者に「中国は現在、大規模な政治改革を必要としている」という命題を評価してもらった。回答者には、この命題を「1＝強く不同意」から、「5＝強く同意」の五段階で評価してもらった。その結果、中間層回答者の明らかに多数派（約六七%）は、この命題（表中には不記入）に不同意か、強く不同意かのいずれかであることがわかった。言い換えれば、本調査の対象にした中間層メンバーの大多数は、中国共産党による統治という政治的現状の維持を望んでいるように思える。

著者は、政治改革に対するこうした姿勢は、ポスト毛時代の中国における民主主義への希求と関連があると論じたい。最近の二〇年間、ポスト毛中国は政治の合理化と法治化に力を入れてきている（McCormick 1990）。より具体的には、改革開放を謳ったポスト毛の鄧小平政権は、「プロレタリア独裁」の旗印のもとの階級闘争と永続革命を放棄し、党や政府機構を近代的官僚機構に改編し、「社会主義的法治主義」を強化し、一般市民の私的生活に対する締めつけを緩和していった。こうした偏っており、かつ初歩的とも思われる政治改革でも、これを深めようとすれば、政府の機関と制度を「共産主義独裁」規範から、より民主的な規範・制度に根本的に変えていくことが必要となる。したがって、これ以上政治改革を進めることは、中国の政治文化、政治構造のさらなる自由化と民主化を意味し、政策決定過程の透明化が進み、公的地

表4.2　民主主義支持と政治改革のペースへの満足度

さらなる政治改革の必要性の認識	民主主義支持のレベル			
	低レベル	中レベル	高レベル	合計
同意または強く同意（%）	11.6	32.2	56.2	100.0
不同意または強く不同意（%）	61.7	32.7	5.6	100.0
	ガンマー値＝0.79*			

註：民主主義への支持は、低レベル、中レベル、高レベルの三つのカテゴリーに三分割した。政治改革の必要性の認識は、「不同意」＋「強く不同意」と、「同意」＋「強く同意」の二つに二分割した。
* $p<0.05$。

位にいる人の一般大衆に対する説明責任も拡大することを意味すると理解されなければならない。中国を舞台にした過去の研究のなかには、さらなる政治改革を望む中国市民は、現行以上の民主化を支持する可能性が高いことを指摘するものがある（Chen and Zhong 1998）。したがって、著者は、さらなる政治改革を求める中間層メンバーは、これ以上の政治改革の必要性を感じないメンバーに比べ、民主的価値を支持する可能性が高いとの仮説を立てた。

さらなる政治改革が必要だという認識と、民主主義支持の間の関係に関する仮説を検証すべく、民主主義支持の指数と、中間層の政治改革に対する姿勢に関する上記の命題の間でクロス集計を実施した。表4・2にまとめたこの分析の結果は、「中国は現在、大規模な政治改革を必要としている」という命題に不同意、もしくは強く不同意の回答者は、民主主義への移行を支持する可能性が少ないであろうという予測に沿ったものになった。具体的には、これ以上の政治改革は必要ないとする回答者の六割以上が、民主主義や民主化にまったくといっていいほど支持を見せず、民主主義に強い支持を示したのはわずかに六％にとどまったのとは対照的に、さらなる政治改革を求める回答者の五六％までが民主的価値や規範に対する強い支持を示し、こうした価値や規範に対する支持が低レベルにとどまったのはわずかに一二％であった。政治改革の必要性の認識と民主主義支持の間のこの関係は、ガンマー値＝0.79という強い相関係数も裏づけている。要するにこうした結果は、中間層に民主主義支持が欠けているのは、現在の中国共産党政権を転覆させかねないので、これ以上の政治改革を求めないという姿勢に由来していることを示唆している可能性がある。

雇用や昇進を巡る国家への依存の影響

人の雇用状況や労働環境が、その人の政治姿勢に影響を与える可能性があると指摘されてすでに久しい。たとえば、中間層内における政治姿勢のばらつきの比較研究に基づき、エリック・ライトは、同一階層に属していても違った部門にいる人々の場合、「自分たちが直面する制約や可能性の影響で、さまざまに異なった利害関係（物質的利害、非物質的利害の双方）をもち得るし、この利害関係がさまざまに異なったイデオロギー的志向性に導き得る」と論じる（Wright 1997, p.464）。これはライトによると、「雇用環境の違いは、さまざまなレベルの認知的複雑性を促進する条件が違ったり、いろいろと異なる認知的不協和を引き起こす条件が異なることを意味し、これが個人のイデオロギー的性向に影響を与える可能性がある。より一般化していうと、異なった種類の労働環境のなかに「生きた経験」が、その人のイデオロギーを形成する」ということになる（Wright 1997, p.465-467）。そこでライトは、「中間層のなかでも国家機関に雇用された人は、（中略）民間部門に職を得た人に比べ、親国家的姿勢をもつようになる」し、「国家による雇用に依存しているため、国家機関で働く中間層はより親国家的になると予想できる」と論じる（Wright 1997, p.466）。今回の我々の中国中間層に関する研究は、この一般的議論を裏書することができるのだろうか。

前述のとおり、中国では国家が、新たに台頭してきた中間層のキャリア機会や人生の機会に影響を及ぼすうえで、他の非共産主義発展途上国の場合よりも、よりいっそう重要な役割を果たしてきている。だれも挑戦できないほど強大な（そしてほぼ絶対的な）政治的権力と、すみずみにまで行きわたる機構を活用して、一党独裁国家は、中間層の登場と成長を促すような全般的な社会経済的環境を作り出すのみならず、中間層の構成員に国家機構のなかの職やキャリア機会を提供したりもしてきている。たとえば、今回の調査では、中間層回答者の多数派（約六〇%）が、調査時点で国家機構に雇用されていたのだ[★3]。

さらに重要なことは、こうした地位や機会に対するアクセスは、中国共産党の党籍や一党独裁制に対する忠誠心に左右されるということだ（たとえば、Lu 2002, 2004; Zhang 2005; Zheng and Li 2004など）。その結果、国家は職や昇進の提供を通じて、直接的かつ効果的に、中間層の政治姿勢に影響を及ぼすことができる。アンドリュー・ウォルダーが論じているように、一党独裁国家が「キャリア機会を提供できるパワーは、これまでも長いこと社会コントロールのシステム（忠誠心に対する報酬）としてか、あるいは予期的社会化や（少なくとも表面的な）イデオロギー的服従を涵養する手段として、共産党による支配の一つの大きな柱であるとみなされてきた」（Walder 1995b, p.309）。そこで、国家機構（政府、党機関、国有企業、公的機関など）に雇用されている中間層メンバーは、自らを一党独裁国家と同一視する可能性が高く、それゆえに民主主義と民主化を支持する可能性が低いと考えられる。

この予測を確かめるべく、本調査の中間層回答者に対し、国家機構での雇用と、民主主義支持の間の相関関係の二変量解析を実施した。その結果をまとめた表4・3が示すとおり、国家機構に雇用されている中間層回答者の場合、民主的価値や制度に対する支持の度合いが低く、他方、国家機構以外に雇用されている中間層回答者の場合は、民主的価値や制度への支持が高くなる傾向が見て取れる。たとえば、国家機構に雇用されている回答者の過半数が、民主主義

表4.3　民主主義支持と雇用形態

雇用形態	民主主義支持のレベル			
	低レベル	中レベル	高レベル	合計
国家機構に雇用（%）	51.3	37.3	11.3	100.0
国家機構以外に雇用（%）	13.7	36.4	49.9	100.0
ガンマー値＝－0.79*				

註：民主主義への支持は、低レベル、中レベル、高レベルの三つのカテゴリーに三分割した。
* $p<0.05$。

に対して低い支持を示しているのに対して、民主主義に高い支持を示しているのはわずかに一一%にとどまっている。他方、国家機構以外に雇用されている回答者の約半数が、民主主義を強く支持する一方、民主主義への支持が低いのはわずか一四%にとどまっている。この分析結果は、民主主義支持と国家機構での雇用の間には強い逆相関関係がある（ガンマー値＝－0.79）という予想を裏づける結果となっている。

こうした結果は、中間層の個人に対する詳細聞き取り調査に裏打ちされる。民間部門に職を得、民主主義を強く支持する、ある中間層個人の事例を考えてもらいたい。

第133氏は、中国西部の都市成都で、過去一〇年以上、弁護士事務所を開業している[★4]。北京の超有名法学校を卒業後、成都に移り、当地で弁護士として働き始める。数年後、十分な資金を集め、自分の法律事務所を開業。第133氏には、彼の洒落た広々とした事務所で話を聞いた。コーヒーを一杯ご馳走になった後（このコーヒーを飲むという行為が、中国では中間層的ライフスタイルだとみなされていることに留意すべき）、第133氏は法律事務所を成都で開業することにまつわる経験を話し始めた。同氏は政府の腐敗に非常に怒っており、自然に話題も民主主義の問題に移ることになった。第133氏は民主主義に対する見方を、下記のとおり明確に表明した。

民主主義は自由と幸せを意味する。民主主義が手に入れば、選択する権利を手にすることができる。市民は皆、民主主義達成には熱心だ。中国でもいくつか選挙が見られるようになったが、選挙への参加だけでは十分でない。政府をオープンで公正なものにできるのは民主主義だけだ。世界でもっとも経済的に発展しているのは民主主義国家であるところから見て、民主主義は中国にとってもいいものであることは疑いの余地もない。民主主義の好例の一つはアメリカだ。アメリカでは、だれもが独自の利益をもっており、それぞれの利害に従って投票できる。今日の中国では、腐敗した役人を罰することが難しいが、これは役人を監視できる選挙も民主主義もないからだ。

話が、選挙のある民主主義と中国が不安定になる可能性の間の関係に及ぶと、第133氏は次のように述べた。

選挙を土台とする民主主義が中国を不安定にするとは思わない。国民には投票する権利が与えられるべきだ。投票は、国民が自分の利益と意見を表現する機会だ。規則手続きのオープンさや公正さがとても大切だ。手続きと結果のオープンさが、社会秩序の乱れを防ぐことができる。中国の現在の制度は、このオープンさを欠いており、変えていかなければならない。

社会的、経済的成功の自己イメージの影響

開発途上諸国の中間層に関する研究の多くが、社会階層の民主主義や民主化に対する姿勢は、現政権下で自分たちが社会的、経済的にいかに上手くやっているかという自己認識にかかっていると指摘している（Koo 1991; Sundhaussen 1991; Hadiz 2004; Chen 2002; Englehart 2003; Thompson 2004）。こうした社会的、経済的成功の自己イメージは、先発工業化諸国の場合でも、発展途上諸国の場合でも、等しく中間層の民主主義支持に対して、重大にして「ほぼ普遍的な」（Rueschemeyer, Stephens, and Stephens 1992, p.60）影響を及ぼすものと思われる。ウルフ・ザントハウゼンが論じているように、中間層は「民主主義が自分たちの富や特権を損なう可能性があるときは、当然ながら民主化の動きを支持しない」（Sundhaussen 1991, p.112）のだ。換言すれば、先発工業化諸国の

場合でも、発展途上諸国の場合でも、中間層は、民主化を主として自分たちの社会的、経済的成功に対する影響という観点から判定してきたといえよう。

本研究にとってもっと意義深いのは、発展途上諸国の中間層の民主主義支持を扱っている研究者の多くが、独裁政権下にいる中間層は、現在の社会、経済的地位に満足している場合、民主化運動を起こしたりこれを支持したりする可能性が低いと指摘している点である。たとえば、韓国や台湾、シンガポール、インドネシア、マレーシアなどの東アジア、東南アジアの国々では、中間層が明らかに国家主導の経済発展の恩恵を被っている場合、民主主義に向けての政治変動を引き起こしたり、これを支持したりする動機をもたないが、自分たちの社会経済的地位が後退していると認識されるや否や、現政権に挑戦するような政治運動を煽ったり、これに参加したりする可能性があると見る研究者もいる (Jones 1998; Schwarz 1994; Tamura 2003; Torii 2003)。この中間層の民主主義や民主化に対する姿勢は条件次第だという発見は、世界第二の発展途上国インドについても当てはまりそうである。リーラ・フェルナンデスが述べているように、インドの中間層市民は「自分たちの利益が、政治家や国家によって供されていない」と認識した場合、「多くは、民主主義に背を向け、インドは独裁者を必要としているなどと言い始める」(Fernandes 2006, p.186-187) のだそうだ。

さらに重要なことだが、中国の中間層は、どうやら民主主義に対する見方を、自分たちの社会経済的利益と結びつけているらしいということを見つけ出した研究者が何人かいる(Goodman 1999; Chen 2002; Xiao 2003; Zheng and Li 2004; Zhang 2005; Wright 2010)。たとえば、そのような研究者の一人は、ポスト毛時代の国家主導の経済改革と発展は、「時間をかけて、中国の中間層の大半が、快適なライフスタイルと、他の社会階層と比べれば高い社会経済的ステータスを享受できるようにしてきている。同時に中間層は、表向きには国家からの自立を獲得してきている。こうした経済改革・経済発展は、中間層に一党独裁政権の正統性を疑問視させるよりも、むしろこの階層の大半を多数決制度に対して懐疑的にさせ、既存の独裁的政治権威との結びつきを強めたいという気持ちにさせている」(Wright 2010, p.83-84)と論じる。同研究者は、続けて次のように分析する。

(中間層市民は)中国の高度に分極化された社会経済構造の上層レベルに存在する少数派なので、大衆に政治的力を与える(エンパワーする)動きを支持する理由はあまりない。加えて、中国共産党政権が経済的成功の媒介として機能している限り、専門職につく市民には自分自身の経済的成功を維持、促進するため、中国共産党に入党し、その構造のなかで努力する動機

がある。(Wright 2010, p.83-84)

上記の観察は、中国を専門とする社会科学者のなかでももっとも著名な研究者の一人によっても裏書されている。この研究者は、「これらの中間層は、経済の活況と利害を共有しているので、冒険主義的な政治改革者になる可能性は少なく、それどころか急激で過剰な政治改革は自分たちの物質的利益を損ねる可能性があることを憂慮する側に立つ」としている(Xiao 2003, p.62)。したがって、自分たちの現在の社会的、経済的地位に満足している現代中国の中間層は、より下位の階層に属する市民よりもなお、民主主義に向けての政治的大変革を支持する可能性が低いだろうと考えられる。

中国の中間層の社会的、経済的地位に対する満足度を測るため、今回の三都市調査では次の二つの質問を使用した。

(1) 全体的にいって、あなたはご自分の社会的地位にどの程度満足していますか。

(2) 全体的にいって、あなたはご自分の経済的地位にどの程度満足していますか。

表4.4　社会的、経済的地位に対する満足度

	中間層の平均値	非中間層の平均値
総体的に、あなたはご自分の社会的地位にどの程度満足しているか、1から5の五段階で評価してください	4.1	3.1*
総体的に、あなたはご自分の経済的地位にどの程度満足しているか、1から5の五段階で評価してください	3.8	2.6*

註：回答者は、上記二つの質問に1から5の五段階評価で回答するよう要請された。その際、1＝非常の不満、2＝不満、3＝そこそこ満足、4＝満足、5＝非常に満足、とする。両階層の上記２質問に対する回答に因子分析を行ったが、その結果、一つだけ支配的因子が見つかり、その因子によって一次分散の65％までが説明可能であった。中間層回答者の実数は、概算で739人、非中間層回答者数（私営企業家、資本家、政府高官を除く）は、2,330人であった。
* 中間層の回答と非中間層の回答の差は、0.05レベルで統計学的に有意。

回答者には、以上の二つの質問に対し、五段階評価（1＝非常に不満足、2＝不満足、3＝まあまあ、そこそこ満足、4＝満足、5＝大いに満足）で答えるよう要請した［★5］。この質問に対する回答から得られた結果を、表4・4にまとめたが、ここからは、中間層は、非中間層よりも、自らの社会的、経済的地位に満足していることがうかがわれる。具体的に見ていくと、社会的地位と経済的地位の双方に関し、中間層の示した回答の平均値（それぞれ四・一と三・八）は、非中間層の示した平均値（それぞれ三・一と二・六）よりも（〇・〇五レベルで）統計的に有意なほど高かった。換言すると、二〇〇七年と二〇〇八年の今回の調査の間、中国三都市の中間層は、より下位の社会階層よりも、自らの社会的、経済的地位にはるかに満足していたといえる。

確率標本抽出調査から得られた結果は、中間層メン

バー個人個人に対して行われた詳細聞き取り調査の結果によっても裏書されている。聞き取り調査対象のうち、国家部門に雇用されている回答者は、自分たちの社会的、経済的地位にもっとも強く満足しているように感じられた。以下、国有企業に雇用されたある中間層市民の話を引用する［★6］。

第63氏は五〇歳代半ばで、北京にある国有企業の中間管理職を務めている。勤続年数はすでに三〇年を超えており、今回の聞き取り調査も、寝室が四つもある同氏の立派な集合住宅の部屋で行われた。まず、氏は自分の悲惨な幼少時代から話し始めた。

私の幼少時代は、悲惨なものだった。自分は大躍進政策前に生まれたので、幼少時代は本当に食べ物がなかった。両親は私を育てることができなかったので、裕福な家庭に養子に出されたが、私が成長すると両親は再び私を取り戻した。文化大革命のせいで中学教育を修了することもできなかった。現在の企業に来たのは一九七〇年で、まず見習いとして働き始め、その後、正式な従業員となった。

しかし、現在の生活ぶりの話になると、第63氏は自分の経済的地位にかなり満足していることとがわかった。現在の年収は一八万元（約二万七〇〇〇ドル相当）を超えている。この給与について同氏は、「私は良い給料を得ている。もちろん金持ちではないが、悲惨な少年時代を思うと今の財務状況には非常に満足している。加えて、私の職は非常に安定している」と語った。一九九八年に第63氏は市場価格以下の値段で一〇〇平米のアパートを、彼の勤める国有企業から購入した。二〇〇二年には寝室が四つある二つ目のアパートを市場価格で購入している。今回の聞き取り調査時、彼の所有する二つのアパートの資産価値は五〇〇万元（七五万ドル以上に相当）だと査定されていた。第63氏はまた自家用車、トヨタ・レイツ（日本名、マークX）を所有しており、息子を中国の最高学府の一つ北京大学に通わせていた。

次に社会的地位に関する話題になると、第63氏は下記のとおりさらに自信に満ちた見解を述べ始めた。

最近、中国では中間層が話題になることが多い。自分もこの中間層に属していると思っている。立派なアパートを二つ所有し、いい自家用車を運転し、快適な生活と立派な仕事を楽しんでいる。こういったものは、中国の中間層はすべて所有したいと思っているものだと思う。さらに就いている仕事のおかげでけっこうな社会的地位も得ている。私が開拓したネットワークを見てもらいたい。友人のほとんどは自分と同じライフスタイルを享受している。週末には皆で田舎にドライブに行き、バーベキューをすることが多い。社会の大半は私たちを尊敬の目で見ている。

今回の詳細聞き取り調査の対象から、もう一人の外資系企業に勤める中間層市民のケースを取り上げてみよう［★7］。第126嬢は北京在住の三〇歳代前半の女性であり、外資系企業で財務アナリストを勤めている。インタビューではまず彼女の仕事について話してもらった。

わたしは立派な仕事をしており、給料もかなり良いほうだと思う。毎日、流行の洋服を着て、洒落たオフィスで働いている。年収は約四〇万元（約五万五〇〇〇ドル換算）。これ以外に、会社が充実した健康保険と年金を提供してくれる。大学の同期と比べると、私の収入は非常に高い部類に入る。

しかし国有企業に働く第63氏とは違い、第126嬢は、明らかに財政的な安全が保証されているとは感じていない。その理由を彼女はこう説明する。

職が確保されているとは全然思っていない。いつかある日この職をなくしたら、次にいつどんな職を見つけることができるか、まったくわからない。だから貯金する必要がある。私の同期の多くは政府機関か国有企業で働いており、給料は私より若干低いかもしれないが、職は確保されている。加えてあの人たちは自分の所属する労働単位から、市場価格以下でアパートを購入することもできる。

インタビューの終わり近く、自分の社会的地位を評価するように要請された第126嬢は、次のように述べた。

私はけっこうな社会的地位にいると思う。でも現実には誇れるものをあまりもっていない。給料は悪くないが、たぶんそれが人に誇れる唯一のことかもしれない。でも私の将来見通しは決して明るくなく、いつかは歳をとって職を失うことになるだろう。そうなったとき、私の人生はとても悲惨なものになる。政府や国有企業に働く友人たちのほうが将来が明るいかもしれない。歳をとっても昇進するだろうし、権力を手にしてからは社会の重要人物になるだろう。私はもちろん下層階層の人間よりははるかに豊かな生活をしているが、それでも国

表4.5　中間層の民主主義支持と社会的、経済的成功の自己認識の間の相関関係

社会的、経済的成功の自己認識	民主主義支持の程度		
	低い支持（%）	中程度の支持（%）	高い支持（%）
低い	6.5	18.0	48.2
中程度	35.4	44.5	35.2
高い	58.1	37.5	16.6
合計	100.0	100.0	100.0
	ガンマー値＝−0.69*		

註：民主主義支持に関する変数と、社会的、経済的成功に関する自己認識の変数に関する質問票事項を結合させて、民主主義支持の指標と成功の自己認識の指標という二つの加法的指標を作成した。そのうえで、これら二つの指標を、高い、中間、低いという三つのカテゴリーに三分割した。

* $p < 0.05$。

有企業に働いているホワイトカラー労働者の友達と同じ社会的地位を享受しているとはとても感じられない。

さらに、現在の社会的、経済的地位に満足している中間層市民は、より下位の社会階層に属する市民に比べて、民主化に向けてのよりいっそうの政治的大改革を支持する可能性が少ないという仮説を検証すべく、この二つの変数間で二変量解析（クロス集計）を実施してみた。結果は表4・5にまとめたが、これによると中間層の民主主義支持と、社会的、経済的成功の自己認識の間には、強い逆相関関係（ガンマー値＝−0.69）があることが確認される。つまり、自分の現在の社会的、経済的地位に満足している個人は、民主主義や民主化を支持する可能性が少ないことが示されている。同表が示しているとおり、現在の地位に大いに満足している人の過半数（約六割）が、民主主義支持に関しては

低いスコアを示しているのだ。

制御変数

価値合致や、雇用・昇進に関する国家への依存から類推される中間層の国家との結びつきや、国家への依存と、自分自身の社会経済的成功に関する自己イメージの二つは、民主主義支持に影響を及ぼし得る他の要素とは関係なく、中間層の民主化や民主主義の支持に影響を及ぼすのだろうか。この疑問に答えるべく、①主要な社会人口統計学的特性と、②地域の社会経済状況の二つを制御変数として、分析を加えてみた。

社会人口統計学的特性

中国と中国以外の双方を舞台にした民主的価値に関する膨大な文献が、特定の社会人口統計学的特性が中間層の民主主義に対する姿勢に影響を与える可能性に言及している(たとえば、Glassman 1991, 1995, 1997; Lipset 1981; Chen 2004 など)。これは主として、こうした社会人口統計学的特性が、中間層の民主主義に対する姿勢に影響を及ぼし得る政治的社会化のプロセスをかたち作るうえで、大きな役割を果たすとみなされているからだ。こうした過去の研究をもとに、性別、年齢、教育、共産党党籍、さらには収入などの重要な社会人口統計学的特性を制御変数として取り入れた。先に特定した三つの独立変数とならび、こうした社会人口統計学的特性も、中間層市民の民主主義と民主化に対する支持に影響をもつのではないかと考える。

地域の社会経済状況

今回の調査では、大きくいって三つに分かれる中国都市部の経済発展段階を代表する町として、北京、成都、西安の三都市を選択した。北京が一人当たりＧＤＰが高い都市を代表しているとすると、成都と西安はそれぞれ、一人当たりＧＤＰが中程度の都市と低い都市を代表しているといえる。近代化理論によれば、経済発展の進んだ地域の中間層は、それよりも経済発展が遅れている地域の中間層よりも、民主主義と民主化を支持する可能性が高いことになるが、これは、より発展の進んだ経済における中間層のほうが、大きな社会集団になっている可能性が高いからである。したがって、発展の進んだ経済の中間層は、より下位の社会階層から脅威を感じることが少なく、民主的な政治制度が現出した場合の自らの政治的役割に自信がもてる可能性が高い（たとえば、Fukuyama 1993; Glassman 1995, 1997; Lipset 1959, 1981 など）。

加えて、それぞれ中国北東部（北京）、北西部（西安）、南西部（成都）に位置する三都市に特有の社会状況が、回答者の社会問題、政治問題に対する見解に影響を及ぼしている可能性については、多くの研究が共通して想定している。これは単に、こうした三都市の社会状況の違いが、上述の社会人口統計学的要素と相まって、住民の政治的社会化の過程に違いを生み出す可能性が高いからだけのことだ。したがって、特定の街に住んでいるということが、回答者の民主主義に対する姿勢に影響を与える可能性があると考えられる。たとえば北京は、他の二都市に比べて、コスモポリタンな街で欧米へのアクセスも良いので、北京市民のほうが成都、西安の市民よりも民主主義に対して積極的であり得ると想定することができる。

要するに、三都市間の経済発展の度合いの違いや社会状況の違いが、中間層の民主主義支持に影響を及ぼすのではないかと考えられる。より具体的にいうと、北京の中間層回答者の民主主義支持がもっとも高く、西安の回答者の支持がもっとも低いはずだと考えられる。

2 多変量解析の結果

これまでは、一方で民主主義支持を従属変数とし、他方、中間層への所属や中間層の国家との結びつき、さらには中間層の社会的、経済的成功の自己認識を独立変数とした関係を想定し、両者間の関係についての仮説を検証すべく、二変量解析という手法を使ってきた。前述のとおり、この二変量解析から得られた成果は自分の立てた理論的仮説を裏書してはいるものの、そ

表4.6　北京、成都、西安の中間層内の民主的価値・制度への支持の多変量解析

	民主的価値・制度の支持[a]		
	b	標準誤差	ベータ
階層指標			
中間層所属[b]	−0.538**	0.231	−0.149
国家との関係			
拡散的支持[c]	−0.923**	0.117	−0.145
特定支持[d]	−0.645**	0.081	−0.136
拡散的支持×中間層所属（相互作用の指標）	−0.177*	0.081	−0.066
特定支持×中間層所属（相互作用の指標）	−0.141*	0.075	−0.061
主要政治改革の支持	0.346**	0.108	0.081
主要政治改革の支持×中間層所属（相互作用の指標）	0.576*	0.312	0.032
国家部門での雇用[e]	−1.232**	0.275	−0.113
国家部門での雇用×中間層所属（相互作用の指標）	−0.52*	0.298	−0.046
社会経済的成功			
社会経済的地位に満足[f]	−0.452**	0.098	−0.086
社会経済的地位に満足×中間層所属（相互作用の指標）	−0.778*	0.312	−0.033
制御変数			
性別[g]	−0.339**	0.169	−0.034
年齢	−0.001	0.008	−0.002
教育[h]	0.927**	0.125	0.163
家計総収入[i]	0.541**	0.162	0.073
党籍[j]	−0.370	0.278	−0.019
居住地[k]			
北京	0.387	0.536	0.028
成都	−0.924	0.721	−0.021
定数	41.421**	1.733	
決定係数	0.294		
調整決定係数	0.278		
全体数	2,810		

註：*ではp <0.05、**ではp <0.01。bは非標準化係数、ベータは標準化係数。
a　民主的価値・制度支持の数値は、四つの下部次元の因子スコア。
b　下層階層＝0、中間層＝1。
c　拡散的支持の数値は、7項目の因子スコア。
d　特定支持の数値は、11項目の因子スコア。
e　国家部門とは、ここでは、政府・共産党機関、国有企業および公共機関を含む。ここでは、国家部門での雇用＝1、国家部門以外での雇用＝0。
f　社会的、経済的成功の数値は、2項目の因子スコア。
g　男性＝0、女性＝1。
h　中等学校以下＝1、高校＝2、中等教育後専門訓練修了＝3、四年制大学修了＝4、大学院修了＝5。
i　家計総収入の元の数字を、ベースeロガリズム値で換算したもの。
j　回答者に「共産党の党員か」と問い、党員でなかった場合は0、党員だった場合は1を充てたもの。
k　西安は参考集団に繰り入れ。

れぞれの独立変数がもつ影響を見極めるためには、多変量解析を行ってより深く検証する必要がある。

それぞれの独立変数独自の影響を見極めるべく、中間層もより下位の社会階層をも対象とした三都市調査［★8］の全標本に基づき、重回帰モデル（OLS）により分析した。このモデルには、制御変数とならび、説明変数の主要カテゴリーのほぼ全部（すなわち価値合致、昇進に関する依存、ならびに社会経済的成功の自己認識）を投入した。また、中間層所属が民主主義支持に与える影響全般を確認するために、中間層所属というダミー変数を投入した。さらに、説明変数と中間層所属の間の関係（または相互作用）に関する仮説を検証するために、中間層所属と主要説明変数の間の相互関係を示す指標も投入した。この重回帰モデルの結果をまとめたのが表4・6である。全体を通し、得られた結果は、期待していたものと平仄を一にしている。すなわち、主要な社会人口統計学的特性や、地域特有の社会経済状況にかかわりなく、①中間層に所属していることが、全回答者を通じて民主主義支持に影響を及ぼしており、②中間層の国家との観念的、物質的結びつきと現在の社会的、経済的地位に対する満足が、この階層の民主主義に対する姿勢に影響を及ぼしていることが読み取れる。

まず第一に、当初期待されたとおり、また前に行った二変量解析が示したとおり、中間層に所属しているということが、調査サンプルの民主主義に対する姿勢に強く、かつ否定的に影響していることが確認された。換言すれば、中間層に所属する回答者は、より下位の社会階層に属する市民よりも、中国の民主主義や民主化を支持する可能性が低いことが確認された。

価値の合致に関しては、当初予想されていたとおり、中国共産党政府に対する拡散的支持および特定支持が、一般市民の間の民主主義の原則や制度に対する姿勢に、強くかつ否定的な影響を及ぼしていることが示された。しかもより重要なことに、この否定的な影響は、中間層の間で強いことがわかった[★9]。こうした結果は、現在の中国共産党政府支持で高いスコアを示した中間層回答者は、同じく高い拡散的支持のスコアを示した下層階層の回答者よりも、民主主義の原則や制度を支持していないことを示唆している。同様に、当初の見通しを裏づけるかたちで、大規模政治改革を支持しなかった回答者には、民主主義や民主化に反対する傾向が見られた。政治改革を支持しなかった中間層の回答者は、下層階層の回答者と政治改革を支持する中間層回答者のすべてよりも、民主主義を支持する可能性がさらに低いことも示された。

雇用や昇進に関する国家への依存の影響については、表4・6は、一般集団においては、国家部門での雇用と、民主主義や民主化への支持の間には、強い逆相関関係が見られることを示している。換言すれば、国家部門（政府、党機関、国有企業ならびに公共機関）に雇用された人は、国家部門以外で働く人よりも民主主義を支持する可能性が低いということになる。それよりももっと重要なことは、表4・6の結果が、国家部門に雇用されていることが民主主義支持に対してもっている否定的効果は、下層階層よりも中間層のほうが強かったことを示している点である［★10］。つまり、国家部門に雇用された中間層市民は、国家部門で働く下層階層市民や国家部門で働いていない中間層市民よりも、さらには国家部門で働かず、中間層にも属していない市民よりも、民主主義を支持する可能性が低いということができる。こうした発見は、中間層に属しているという自己認識と国家部門による雇用が一緒になった場合の効果は、中間層に属するという自己認識や国家部門による雇用のどちらか一方が単独でもつ効果よりも大きいという当初の予想に沿ったものになっている。

社会的、経済的成功の自己認識の影響に関していえば、表4・6は、一般的に一般市民の間では社会的、経済的地位の満足と民主主義支持の間には強い逆相関関係があることを示している。これが示唆するのは、社会的、経済的条件に対する満足度が高ければ高いほど民主的変化への支持は低くなるということである。さらに、すでに述べた他の独立変数の影響と同様、地位の満足が民主主義支持にもつ否定的影響は、下層階層よりも中間層のほうが強かった[★11]。したがって、自らの社会的、経済的地位に満足している中間層市民のほうが、同様の満足を感じている下層階層の市民よりも、中国の民主主義と民主化を支持する可能性が低いといえる。

こうした結果から、一党独裁国家との観念的結びつきや、国家機関での雇用、ならびに自己の社会的、経済的地位への満足は、民主主義や民主化に対する支持を弱めるうえで、下層階層よりも中間層のほうで、より重要な役割を果たすと結論づけることが可能である。中間層のほうが下層階層よりも現政権から受ける恩恵が大きく、かつ国家への依存度も高いので、中間層は下層階層よりも民主主義を支持する可能性が低いのだ。

最後に、制御変数のなかでも教育と家計総収入、さらに中国共産党の党籍の三つが、民主主義支持に大きな影響をもつことがわかった。具体的に見ていくと、女性で教育程度が高く、高い家計総収入を得ている市民は、中間層に属していようが、もっと下位の階層に属していようが、民主的価値を支持する可能性が高いことが示された。(北京、成都、西安間の)土地土地の社会経済状況の違いは、実は民主主義に対する姿勢にあまり大きな影響を与えていないことは銘記する価値がある。この発見は、経済発展のレベルと民主主義支持の間には強い正の相関関係があるとする近代化理論と相容れない。この不一致の理由は、別途、より詳細な研究を実施して探求する必要があるが、そのためには今回使った代替的指標（つまり在住地）だけではなく、もっと多くの情報が必要になる。

3 要約と結論

なぜ、特定の社会階層は政治変動を支持するのか、支持しないのか。著者は、本章を通じてこの疑問に答えようと努めてきた。中間層の民主主義支持の低さは、本研究で探求した変数の二つの重要カテゴリーに関連している。すなわち、①中間層の、国家との観念的、制度的結びつき（つまり、中国共産党政府に対する拡散的支持と特定支持、これ以上の政治改革を望まない姿勢、雇用と昇進に関する国家への依存、など）というカテゴリーと、②現在の一党独裁制度下における自らの社会的、経済的地位に対する満足というカテゴリーの二つである。こうした発見から、中間層の大半は、主として現政権との緊密で依存性の高い関係と、現政権下での自分自身の社会的、経済状況への満足から、中国における民主化、民主主義を支持していないように見られると推論できる。

今回の研究から得られた結果は、どのような政治的、理論的含意をもつのだろうか。政治的含意に関していえば、本章がこれまで明らかにしてきた中間層の一党独裁国家に対する観念的、物質的依存、ならびに自分自身の社会的、経済的状況に関する認識と、民主主義支持の間の因果関係に鑑み、中間層が民主主義と民主化を積極的に支持するようになるのは、こうした依存関係が大幅に弱体化し、社会経済状況が大きく悪化した場合に限るといえそうである。そこで、他にもいろいろ要素はあるものの、国家がいつまでたっても経済成長をもたらさず、社会的安定を維持できず、中間層の雇用・昇進機会や生活水準を維持、向上することができない場合、中間層が民主化に向けての政治変動への支持を促進する可能性があるといえよう。

理論的含意に関しては、今回の調査結果からは、中国のような独裁的発展途上国の場合、①中間層の国家に対する依存と民主主義支持の間に逆相関関係が見られ、②中間層の、自らの社会的、経済的成功の自己認識と、民主主義支持の間にも負の相関関係があることが見てとれる。こうした発見は、経済発展は他の近代的社会政治的現象とならび、不可避的に新興中間層の誕生を導き出し、それが民主化を促進すると論じる単線的アプローチに、少なくとも間接的に異を唱えるものとなっている。本研究から得られた証拠は、こうしたアプローチの見方とは正反対に、独裁的発展途上国の中間層は、国家に強く依存しており、自らの社会経済的成功を気にするあまり、民主化や民主主義に対し、かならずしも積極的に支持するわけではないことを示している。

第5章

中間層の政治行動に対する民主主義支持の影響

これまで、中国の中間層の民主主義、ならびに現在の中国共産党政府に対する姿勢の程度やその原因を中心に議論してきた。こうした姿勢は、中国の中間層の政治行動や、政治参加に大きな影響を与えるのであろうか。もしそうならば、どのように影響を与えるのだろうか。本章では、こうしたきわめて重要な疑問に対して答えていく。こうした問いに対する答えは、中国の民主化の将来展望と、中国共産党政府の運命にも直接的な影響をもつ。

本章でこの二つの重要な問いに対する答えを出すために、三都市調査から得られたデータをもとに、まず、中間層の政治参加の主たる形態とその強度を調べ、そのうえで中間層の民主主義と中国共産党政府に対する姿勢が、この階層の政治参加に対してもつ影響を検討する。すでに第一章で論じたとおり、政治参加の形態や強度についての三都市調査結果を、国全体に直接一般化することには無理があるかもしれないが、中間層の民主主義支持と、政治参加の形態・強度の間の因果関係に関する調査結果は、今日の中国中間層の政治行動の原因に、何らかの全般的影響をもっている可能性がある。

1　政治参加の主たる形態と強度

欧米の基準に照らして、中国の政治システムが民主的になったことはいまだかつて一度もないにもかかわらず、一九七〇年代末中国のポスト毛経済・政治改革の開始当初より、中間層を含む一般市民の公共問題や政治に対する参加の度合いはますます拡大しつつあると報告されている (Tang and Parish 2000; Chen and Zhong 2002; Zhong and Chen 2002; Chen 2004)。中間層の民主主義ならびに中国共産党政府に対する姿勢が、政治参加に与える影響を理解するために、まず、中間層の政治参加の主たる形態と、参加の程度を評価してみたい。

政治行動の主たる形態とその頻度

民主的社会では、中間層は、いろいろなレベルの選挙への投票など、さまざまな形態の政治的活動に参加する可能性が、他の社会集団よりも高いとみなされている。また、中間層による政治参加は、民主的制度の維持と機能のためには決定的に重要だとも考えられている (Dahl 1971; Lane 1959; Milbrath 1977)。シドニー・ヴァーバとその共同研究チームによれば、政治的活動の従来型の形態は、「政府の人員の選択や、政府のとる行動に影響を与えることを、大なり小なり直接目指した一般市民による合法的活動だ」ということになる（Verba, Nie, and Kim 1978）。さらに、ヴァーバをはじめとするこの三人の研究者は、投票、選挙活動、地域活動、私的問題をめぐる役職者との接触という四つの一般的な政治参加の「形態」（モード）を明らかにしている。欧米における政治参加研究から得られた洞察に従い、数名の中国研究者が、中間層ならびにそれ以外の社会階層がとる政治行動の一般的形態を規定し、明確化しようとしてきており、彼らによって投票、選挙活動、特定目的の接触、市民参加など、中国における一般的な政治参加のモードがいくつか明らかにされている（Jennings 1997; Manion 1996; Shi 1997; Chen 2000, 2004）。

中国ならびにその他の地域における中間層、非中間層の政治参加に関する既存の研究を土台に、著者は、回答者の政治行動に関する七つの質問からなる質問票を作ってみた（表5・1）。さらに、政治参加の主要な形態ないしはカテゴリーを明確化すべく、中間層回答者のサンプルを使い、予備的因子分析を実施してみた［★1］。表5・1が示すとおり、因子分析からは二つの主要要因が浮かび上がったが、その二つはそれぞれ「選挙への参加」と「有力者への接触、陳情」という二つのカテゴリーにかかわるものであった。選挙への参加は、社区居民委員会（CRC）や各地の地方人民代表大会の選挙への投票と、社区居民委員会候補者指名への参加を

表5.1　中国中間層の政治参加項目の因子分析*

項目	接触と陳情	選挙への参加
政府への個別陳情	0.746	
政府への集団陳情	0.716	
党・政府関係者への接触	0.685	
地方人民代表大会代議員への接触	0.620	0.348
社区居民委員会選挙への投票		0.813
社区居民委員会候補者指名への参加		0.653
地方人民代表大会選挙への投票		0.581

*　数値は、固有値1.0以上のすべての因子に対するバリマックス回転マトリクスから得られた0.25以上の因子負荷を示す。

意味内容とする。二つ目の「有力者への接触、陳情」カテゴリーには、中国共産党や政府の役員との接触、各地の地方人民代表大会代議員との接触、さらには各レベルの政府に対する単独ないしは集団的陳情が含まれる。この二つのカテゴリーで、七つの項目の分散のほぼ半分(五七・三%)を説明できる。「有力者への接触、陳情」カテゴリーは単独で分散の三一・二%を説明でき、「選挙への参加」のほうは一六・二%を説明できる。この二つのカテゴリーの因子スコアを、今後の分析のなかで政治参加の二つのカテゴリーの指標として使用する。

本研究で、この二つの政治参加カテゴリーを選んだのには二つの大きな理由がある。一つは、この二つのカテゴリーで、中国の中間層によってとられる政治行動をすべてをカバーしつくしているわけではないものの、これら二つが中国ではもっともよく見られる政治行動の形態だからで

表5.2　中国中間層の政治参加の頻度

項目	人数	割合（%）[a]
選挙への参加		
地方人民代表大会選挙での投票	410	60.47
社区居民委員会選挙での投票	115	16.96
社区居民委員会候補者指名への参加	31	4.57
有力者への接触、陳情		
党・政府関係者との接触	25	3.69
地方人民代表大会代議員との接触	20	2.95
政府への集団陳情	15	2.21
政府への個別陳情	7	1.03

a　割合は、肯定回答を示す。全体数736人。

ある（Manion 1996; Shi 1997; Jennings 1997; Tang and Parish 2000）。したがって、この二つが中間層の政治参加のもっとも根源的な次元を表していると思われる。もう一つの理由は、「少なくとも理論的には、中国でも合法的」と考えられている（とはいえ決して危険がないわけではない）ので、こうした行動に関する質問なら回答者がインタビューにおいて「嘘の答えを出す可能性が少ない」と考えられているからである（Shi 1997, p.27）。そこで、こうした二つのカテゴリーに属する質問に対する答えは正直なものだと期待できる。

表5・2は、政治参加の二カテゴリーに属する七つの政治行動がとられる頻度を示している。「選挙への参加」カテゴリーでは、地方人民代表大会選挙への投票が中間層回答者がもっとも普通にとる政治行動であった。回答者の六割以上が最近の地方人民代表大会選挙で投票

していた。対照的に、社区居民委員会選挙への参加は、はるかに低い一七％に、社区居民委員会候補者指名への参加に至っては最低の五％にとどまった。「有力者への接触、陳情」カテゴリーでは、今回の調査サンプルにおいては、党や政府の役員への接触と、地方人民代表大会代議員との接触が、他の二つの政治参加形態（個別ないしは集団の政府への陳情）に比べて、中間層がより頻繁にとる行動だとわかった。より具体的に見てみると、調査前の一年間に党や政府の役員に接触したのは、回答者の三％から四％に過ぎず、政府に単独で、もしくは集団で陳情したのはわずか一％から二％に過ぎなかった。

政治活動の二つのカテゴリー間の区別

七つの項目すべての予備的因子分析（つまり二つの主要要因の明確化）の結果が示しているように、これら政治活動の二つのカテゴリーは、それぞれもう一方とは画然と異なっていることを銘記することも大切だ。この二つの政治活動カテゴリー間の区別に関する実証的発見は、ポスト毛中国における都市部の大衆政治参加に関する既存の研究結果とも矛盾しない（Chen 2004, chapter 6参照）。この新旧の研究の間に見られる一貫性に鑑み、両カテゴリー間の違いは、主として以前の研究（Chen 2004, chapter 6）で明らかにされている以下の社会政治的特徴で説明できると思われる。これらの社会政治的特徴を詳細に見ることによって、中間層の政治行動に対する理解を深めることができるはずだ。

選挙への参加

一九七〇年末から一九八〇年代はじめにかけ、鄧小平指揮下の中国共産党は、中国の立法府に当たる人民代表大会の各レベルにおける選挙にかかわる選挙法を改訂した。この新しい選挙法により、地方レベルの地方人民代表大会に直接選挙が導入された[★2]。理論的には、この新しい法律は有権者に、候補者を指名し、それぞれの議席を巡る複数の候補者の中から代議員を選出することを可能にしたことになる。本研究の対象とした七つの政治参加形態のうち、こうした選挙における投票は、これまでも都市在住市民の間でもっとも普通に見られる参加行動であった。表5・2が示しているように、中間層回答者の六割以上が、直近の地方人民代表大会の選挙で投票している。そこで、こうした選挙において有権者に課せられる政治的・構造的制約や、有権者に与えられる選択肢、ならびに地方人民代表大会そのものの政治的役割を調べるなど、こうしたタイプの政治行動に注意を傾ける必要がある。

第一に、主として中国共産党が決めてきた選挙に対する政治的、構造的制約について考えてみよう。中国共産党指導部が新しい選挙法を導入し、これを維持している根本的動機は二つある。まず、とにかく第一に共産党指導部は、自由化の度合いを高めつつ、依然として制約があるとはいえ地方選挙を実施することで、一党独裁の正統性を回復、強化することを狙った(たとえば、O'Brien 1990, p.126; McCormick 1996, p.31 など)。市民に地方レベルの地方人民代表大会の代議員を直接選ばせることにより、ポスト毛時代の指導者たちは「市民の代表としての政府」というイメージを確立したいと願ったのだ(McCormick 1996)。第二に、こうして一般市民によって選出された代議員は、理想的には、有権者の代わりに何かと差し障りの多い政策を推進したり、不人気な政府決定を阻止したりできるという建前なので、政府の効率を向上させることを狙った(O'Brien 1990, p.126)という側面もあるが、これはあくまでも二義的な動機に過ぎない。この第二の目標が、どの程度地方選挙で達成されたかは、疑問の残るところだ。しかし、選挙改革のはじめより、共産党指導部は常にこの目標を「共産党によるリーダーシップ」(中国語では「党的領導」)の正統性強化という究極的な政治目標と結びつけてきている(たとえば、Archive Research Office 1994, chapter 10 などを参照)。要するに、こうした限定的な選挙改革はすべて、政治的、イデオロギー的違いを超えた民主的競争を始めたいという意欲ではなく、自らの統治能力を向上させることで、共産党の正統性を強化したいという党指導部の狙いによって動機づけられたものがほとんどである。

この根源的動機から、鄧小平から江沢民、さらには胡錦濤に至る共産党指導部は、地方人民代表大会選挙に、少なくとも二つのきわめて手強い制約を課してきている。一つは政治的制約だ。いかなる組織も個人も、共産党の絶対的支配に挑むことを防止するため、共産党は、候補者の指名から選挙区の割り振り、さらには各選挙区の最終候補の決定に至る、地方人民代表大会選挙のほぼ全プロセスを通じて直接的、間接的にコントロールしてきている(Halpern 1991, p.38、Burns 1999, p.591)。この政治的コントロールは主として、共産党が牛耳る地方選挙管理委員会によって実行される(Shi and Lei 1999, p.21-23)。この委員会は選挙の最終結果もコントロール下に置いている。すなわち、立候補すべき候補者の決定に関し、最終的には各地方の党幹部が、「三回アップ、三回ダウン」[★3]と名づけられた手続きを通じて有権者の「同意」をとりつけるが、そのほとんどの場合、共産党員か少なくとも党の方針に従順な候補者が選ばれることになる(MacCormick 1996)。さらに、反対政党や独立政党もしくは独立組織を代表するいかなる候補も、地方人民代表大会選挙には参加が許されない。中国共産党が長らく手なずけてきた、いわゆる「民主政党」は参加が許されるが、こういった政党の存在は、中国が「中国的性格の民主主義」と呼ぶ選挙を実施するためのお飾りに過ぎない。最近の地方人民代表大会選挙を視察したニューヨーク・タイムズ紙特派員シャロン・ラフラニエールは、中国共産党の当局者が、共産党とは関係ない「候補者を有権者が自由に選ぶ機会を、決まりきったことのように「つぶしていた」」ことを確認している（LaFraniere 2011）。

こうした選挙に中国共産党が課するもう一つの制約はイデオロギー的なものだ。党は、地方人民代表大会選挙が「ブルジョワ的自由思想」、ないしは共産党の公式イデオロギーに反する政治的見解を広めるための場とならないようにするため、一連の措置をとってきている。まず第一に、共産党は、大規模選挙キャンペーンないしは大々的に目立つ選挙キャンペーンは、（社会主義民主主義の反意語としての）「ブルジョワ民主主義」に属するものであるという理由ですべからく禁じているし、すべての選挙活動は、党がコントロールする選挙管理委員会の厳しい監視のもとで、厳しく制限された範囲内（たとえば労働単位内）で行われることを義務づけている（Wang 1998; Shi and Lei 1999, p.23 and 28-30）。こうすることにより、共産党は、地方選挙において反共産党勢力になり得る個人・集団が、自分たちの意見を明確に訴える効果的機会をほぼ完全に排除してきている。その結果、マコーミックが論じているとおり、「単発の例外的ケースを除き、（中略）こうした候補者は、通常の意味におけるキャンペーンを展開できず」、せいぜい数分程度の自己紹介の時間を与えられ、そこでも主として「自分は、公式ガイドラインが推奨するような候補者だ」と述べる程度が典型的なパターンである（McCormick 1996, p.41）。

中国共産党は、選挙活動や有権者への訴えの範囲や形態を厳しく制限するだけにとどまらず、共産党の「四項基本原則」[★4]に反するような政治的見解が地方選挙に漏れ出さないよう、選挙活動の内容を制限すべく、容赦ない努力を傾注する。とくに、一九八〇年に行われたいくつかの地方選挙で、(共産党党是とはかけ離れた急進的な政治的見解を強く打ち出した)非マルキスト候補者が数名立候補するという不都合な事態(Halpern 1991, p.46、O'Brien 1990, p.129)があって以降[★5]、共産党は、「党の指導性を脅かし」、国の「安定と結束」を損なうような演説を監視し、防止するよう、すべての選挙管理委員会に通達している(Wang 1998, p.279)。

要するに、アンドリュー・ネイサンが適切に結論づけているように、「一九七九年から一九八〇年にかけて散発的に例外的ケースがあったものの」、地方人民代表大会選挙は、これまでのところ、「共産党の強い引き締めもあって、自由競争的キャンペーンにはなっていない」(Nathan 1997, p.235)のが実情だ。そこで、前述のとおり、こうした地方選挙の総合的結果は、圧倒的に中国共産党の期待に沿ったものになっている。政治的には、当選者の大半は共産党党員であり、どんな形態にしろ組織化された反対勢力を代表する当選者はなく、また共産党の支持や承認を得ずに行動する独立候補も当選していない。イデオロギー的には、立候補者のなかには特定の地方政策問題に関し「建設的提案」をした者もいたものの、共産党の党政策とは違う見解を押し出して当選した者はほとんどいないというのが実情である。

第二に、政治参加の一形態としての地方人民代表大会選挙における投票をよりよく理解するためには、こうした選挙で、有権者にはどのような選択肢が与えられているのかを知る必要がある。上記の政治的、イデオロギー的制約にもかかわらず、現行の選挙制度でも、有権者には地方人民代表大会選挙において二つの選択肢が与えられる。一つは、上記のとおり有権者は、(中国共産党が課している政治的、イデオロギー的制約内とはいえ) 複数の候補の中から選んで投票できる。換言すれば、有権者は共産党政権の根本的規範や制度に抗するような候補者を指名したり投票したりすることはできないものの、投票所において複数の立候補者から投票する候補を選ぶことができるのだ。さらに重要なことに、立候補者間の違いは、大部分、質的なものではなく程度の違いである。つまり、特定の地方政策に関して意見を異にしているか、あるいは有権者の間の人気に差がある程度の違いにとどまっているのである。

有権者に与えられるもう一つの選択肢は、処罰を受けることなく棄権することである。ポスト毛改革以前の選挙では、人民は政府により投票することが強要されていたが (たとえば、Townsend 1969 などを参照)、今日の、部分的にしろ改善された準自由競争選挙では、投票しても棄権してもよいことになっている。換言すれば、今日の中国の有権者は投票しない自由を与えられていることになる。この自由が与えられているため、中国共産党の押し出す根本的な政治的、イデオロギー的志向性が気に入らない有権者は、棄権することで抗議の意を表すことができるのだ。逆に、共産党の志向性に賛同する（あるいは少なくともこれが気にならない）有権者は、自分の意思で地方選挙で投票する傾向を見せる。

第三に、市民が投票する動機を分析するためには、地方人民代表大会の代議員が果たす役割を理解する必要がある。中華人民共和国憲法は、各地の地方人民代表大会は地域住民の利益を代表し、地方政府と公務員を監視するという重要な役割を担うと規定している［★6］。しかしながら実際には、各地の地方人民代表大会も代議員も、こうした期待される役割を果たすための手段を有していない。たとえば、広汎なフィールド調査を行ったマコーミックは、次のように、地方人民代表大会が憲法に規定されている機能を果たすための手段も権力も欠いていることを活写している（McCormick 1996, p.42）。

一度選出されると、（中略）代議員は姿が見えない存在になってしまう傾向がある。私がインタビューした代議員の圧倒的多数は、年次会議と年一回か二回の視察旅行以外には、本来の仕事を離れる時間をもらえないでいた。また、ほとんどの代議員が、自分自身の選挙民と定期的に連絡をとる術ももっていなかった。代議員は、通常、議場で発言が許されていない。人民代表大会の会期中は、地方の指導部による長文の作業報告書の朗読に時間のほぼ全部を費やされてしまう。人民代表大会のほとんどのセッションにとって主要な作業は、こうした報告書を承認することである。(中略)代議員たちは、選挙民から上がった要請事項を政府に提出することは奨励されるが、こうした要請は目標とする部局に届く前に、指導部によるふるいにかけられてしまうのだ。

要するに、系統だった政治的介入により、地方人民代表大会と代議員は、真に有権者の代表としての役割や立法者としての役割を果たすことを阻止されているのだ。したがって、地方人民代表大会は、大なり小なり「民主主義を確立したという中国共産党の言い分に中身」を与えるという、民主主義の単なる見せかけになってしまった(MacCormick 1996, p.41)。

地方人民代表大会選挙の全体像は、これまで記されてきたことからすでに明らかであろう。一方で、地方人民代表大会選挙は、厳格な政治的、イデオロギー的制約のもとで実施されている。他方、こうした選挙は有権者に選択肢をたった二つしか与えていないし、しかもその二つとも限定されたものに過ぎない。すなわち、中国共産党が承認した複数の候補者の中から票を投じるべき候補を選択するか、棄権するかの二つである。こうした選挙における制約や選択肢が、これまでのところ地方人民代表大会選挙の根本的ルールを形成していると考えられる。さらに、地方人民代表大会と代議員は、全般的に見て、明らかに有権者の利益を代弁し、政府を監視するという期待に応えていない。この会議と代議員に課せられた制限は、有権者の選挙に対する姿勢にも影響を及ぼしている。こうした状況下、中間層の民主主義に対する政治姿勢は、どのように選挙への参加に影響を及ぼすのであろうか。以下、本章ではこの疑問に対する答えを探っていきたい。

特定目的の接触・陳情行動

前述のとおり、このカテゴリーの政治参加は、本研究では四つの具体的政治行動によって構成される。すなわち、党ないしは政府関係者との接触、地方人民代表大会の代議員との接触、ならびに政府各レベルに対する個別ないしは集団的陳情の四つである。政治参加のこのカテゴリーをよりよく理解すべく、このカテゴリーの性質と構造的設定に関するいくつかの重要な疑問に対する答えを模索していきたい。

まず第一に、中国の市民はいったい何について、各レベルの政府関係者と接触したいと思うのだろうか。この種の政治行動は、中国都市部に特有の行動とみなし得る(Tang and Parish 2000, p.187-199参照)。政府関係者と接触することにより、有権者は、雇用や賃金、住宅問題、地域の公害、社会福祉、教育、保健医療、地域共同体の秩序問題、さらには地方政府の腐敗など、個人の、あるいはときには地域共同体の問題に対する、自分たちの憂慮や関心を伝えることができる。

第二に、中国市民はなぜ、こうした特定の問題を伝えるために、さまざまなチャンネルを通じて政府のさまざまなレベルに接触する必要があるのだろうか。中国都市部における調査をもとにした研究のなかで、タンとパリッシュは、「政府は依然として資源配分を牛耳っており、雇用や所得、住宅供給、教育、さらには保健衛生など、広汎な公共サービスを提供している」と論じている(Tang and Parish 2000, p.189)。こうした政府によるコントロールは、ポスト毛改革が始まって以来、次第に減退しつつあるものの、中間層を含む一般市民は依然として日々のニーズに関して大部分を政府に依存している。したがって、こうした構造的設定のなかでは、政府による現行の資源配分や公共サービスに満足できない市民は、政策変更や規制変更を求め、(国家部門に雇用されている市民の場合)自分が属する労働単位か、各レベルの政府関係者(非国家部門に雇用されている市民の場合)に接触する必要を感じる可能性がある。

第三に、市民は、各レベルの政府指導者にどのように接触し、自分たちの関心を伝えるのか。

自分たちの個人的目標ないしはコミュニティとしての目標を達成するため、都市部市民が指導者層に接触し、自分たちの関心を伝える方法は実は数多くある。フィールド調査に基づき、シーは、都市部の一般市民が取り得るオプションを、下記のように要約している(Shi 1997, p.45)。

労働単位レベルで役員に接触を求める人もいれば、より高位の政府組織にアプローチする市民もいる。政府関係者と接触する際、市民はさまざまな戦略を使う。たとえば、政府関係者に自分にとって都合のよい政策決定をするように説得すべく、懐柔するようなやり方で接触する市民もいれば、同じ効果を狙って政府関係者に圧力を行使する、もっと対決的なスタイルをとる市民もいる。さらに、関係を上下関係的なものから相互交流的なものに転換すべく、パトロン・クライアント関係を利用して政府関係者に接触する市民もいる。

指導部に接触する戦略の選択は、通常、市民の雇用形態や、活用できる社会経済的資源、さらには接触の目的によって左右される。

しかしながら、地方選挙での投票に比べると、この種の政治活動には、もっとイニシアティブや決意、時間、さらにはコミュニケーション技術が必要とされる。加えて、こうした活動は合法的と考えられてはいるものの、目標とされた役員個人や政府機関がこの種の活動を自分たちの権威に対する挑戦と受け取り、報復措置をとる可能性があるので、リスクがまったくないわけではない。だれでもこういったリスクをとる覚悟ができていたり、リスクを冒してもかまわない立場にいるわけではない。要するに、役員に接触し、自分たちの関心を伝えるという行為は、地方選挙における投票よりも確実に接触する側に要求されることが多く、かつリスクの大きい行動なのだ。したがって、今回の調査の標本に関しても、この種の活動に関与したことのある回答者の数は、地方人民代表大会選挙で投票した回答の数をはるかに下回ったのである。

要約すれば、政治参加の二つの主要カテゴリーの間には、違いもあれば類似点もある。この違いと類似点の双方が、政治行動を形成するうえでの民主主義支持の役割分析に重要な含意を有する。第一に、この二つのカテゴリーの間のもっとも重要な違いの一つは、政治参加から得られる結果にある。一方で、投票（あるいは投票からの棄権）は、選出された人民代表大会も代議員も具体的な政策イニシアティブをとらないのが普通なので、これに参加した市民が得るのは精神的収穫がせいぜいである［★7］。したがって、このタイプの政治行動には、民主主義支持や現政権支持のような、個人の政治的信条や価値が伴う可能性が高い。他方、特定の政策や規制に対して不満を表明するため、政府各レベルの指導者に接触する場合、接触された個人や機関が、接触してきた個人に物質的恩恵をもたらす可能性がある。そこで、この種の政治行動は、「個人の政治制度全体に関する信条とは無関係」(Bahry and Silver 1990, p.826)である可能性が高く、現行政策に対するその個人の評価との結びつきのほうが強いといえる。

第二に、上記の政治行動の二つのカテゴリー間の共通点のなかで、もっとも重要なものの一つは、双方ともまったくリスクがないわけではないものの、正統性のある行動であり、ある程度までは政府も奨励する活動だという点だ。そのため、市民は自らの自由意志で、こうした政治活動形態に参加するかどうかを決めることができる。したがって、こうした活動への関与は、姿勢としての民主主義支持と、個人の政治行動の間の関係にとって信頼の置ける試金石となる可能性がある。

2　民主主義支持の政治参加への影響

本研究は、中間層の民主主義や民主化に対する支持は、中間層の政治参加の二つのカテゴリーにさまざまな影響を及ぼす可能性があるという前提に立つ。二つの政治行動カテゴリー間の民主主義支持に対する影響の違いは、主として二つのカテゴリーに特有の性格に起因する。

民主主義支持が、中国市民の投票行動に与える影響に関しては、少なくとも二つの、それぞれに別個の見方がある。一つの見解は、中国の（全体主義的選挙制度ないしは非民主主義的制度ではなく）半民主主義的選挙制度は、市民に限定的とはいえ、自分たちの見解を表現し、影響力を行使する本当の機会を提供していると論じる（Shi 1999a, 1999b）。したがって、民主的価値や制度を支持する市民は、ポスト毛中国におけるこうした選挙に関与する傾向がある。換言すれば、民主主義や民主化への支持は、地方人民代表大会選挙をはじめとする、政府が承認した選挙に対する市民の参加に積極的な影響を及ぼしているといえる。

もう一つの見方は、民主主義の支持姿勢は、地方人民代表大会選挙への投票などの公式で従来型の政治参加の形態には、否定的な影響をもつか、まったく何の影響ももたないかのいずれだと論じる（Chen 2000; Chen and Zhong 2002; Zhong and Chen 2002）。この見方によれば、政治参加の公式で従来型のチャンネルはすべて中国共産党によりしっかりとコントロールされており、そのことにより民主主義支持者を疎外していることになる。その結果、民主的価値や制度に固執する市民は、公式で従来型の政治参加チャンネルを、「非民主的な、一党独裁政権を正統化するという機能にのみ供する」形式に過ぎないと見る傾向がある（Zhong and Chen 2002, p.185）。であるから、民主主義支持者は、一党独裁政権に対する抵抗を示すために、こうした公式チャンネルを無視するか、ボイコットすることになる。

上記の二つの相反する見方から、民主主義支持が、地方人民代表大会や、社区居民委員会の選挙などの公式な選挙チャンネルへの、中間層の参加に与える影響に関し、二つの仮説を導き出すことができる。一つは、民主主義の原則や制度を支持する中間層市民は、こうした選挙は非民主的だと考えるので、参加しない可能性が高いというものだ。反対にもう一つの仮説は、民主主義支持者は、こうした選挙ですら政治変動の機会を提供し得るので参加する傾向があるというものである。以下の分析では、今回の調査の中間層回答者のサンプルと照らし合わせて、これら二つの相反する仮説を検証していく。

同様に、非民主的設定における接触・陳情行動を形成するうえで、民主主義支持（もしくは不支持）が果たす役割についても、二つの相反する見方がある。一つは、民主主義支持の中間層は、政府関係者や政府部局を非民主的政治制度の産物だとみなしているので、接触や陳情に加担する可能性が少ないという仮説である（Chen 2000）。もう一つは、民主主義の価値や原則を支持する市民は、政府関係者を、少しずつでも変化を促進し、自分たちの言い分を表明するための、利用可能で可能性を秘めたチャンネルだとみなすので、接触・陳情行動に参加する可能性があるという仮説だ（Bahry and Silver 1990, p.836）。これら二つの見解をもとに、次の二つの相反す

表5.3　民主主義支持と投票行動の間の相関関係

投票行動の頻度	民主主義支持のレベル		
	低支持（%）	中支持（%）	高支持（%）
低頻度	7.5	14.0	52.2
中頻度	33.4	41.5	20.2
高頻度	59.1	44.5	27.6
合計	100.0	100.0	100.0
	ガンマー値= −0.71*		

註：民主主義支持の変数と、投票行動の変数に関するすべての質問項目は合わされ、民主主義支持のレベルと、投票行動の頻度という二つの加法指数を形成している。そのうえで、この二つの指標を、高、中、低の3レベルに三分割した。
* $p<0.05$。

る仮説を提示することができる。すなわち、民主主義の価値や制度を支持する中間層市民は、各レベルの政府関係者に接触し、陳情する可能性が高いとするものと高くないとするものの二つだ。

この相反する二つの仮説を検証すべく、二つの二変量クロス集計をそれぞれ別個に実施した。一つは民主主義の支持と投票行動の間の相関関係を調べることを目指したもので、もう一方は民主主義支持と接触・陳情行動の間の関係を検証するものである。表5・3には、民主主義支持と投票行動の間の相関関係に関する結果がまとめてある。一般的にいってこうした結果は、二つの変数の間に統計学的に有意な逆相関関係があることを示している。すなわち、高いレベルの民主主義支持を示した回答者は選挙に参加する可能性が低く、民主主義に対する支持が低い回答者は投票の頻度が高いことがわかる。たとえば、民主主義に対する

表5.4 民主主義支持と接触・陳情行動の間の相関関係

接触・陳情行動の頻度	民主主義支持のレベル		
	低支持（%）	中支持（%）	高支持（%）
低頻度	56.5	18.0	24.6
中頻度	21.2	48.4	31.5
高頻度	22.3	33.6	43.9
合計	100.0	100.0	100.0
	ガンマー値= 0.67*		

註：民主主義支持の変数と、接触・陳情行動の変数に関するすべての質問項目は合わされ、民主主義支持のレベルと、接触・陳情行動の頻度という二つの加法指数を形成している。その上で、この二つの指標を、高、中、低の3レベルに三分割した。
* $p<0.05$。

支持がもっとも低い（低支持）回答者の大半（六割）までがもっとも頻繁に選挙に参加（高頻度）し、民主主義支持がもっとも高い（高支持）回答者の半分以上（五二・二％）が選挙には一番参加してこなかった（低頻度）のだ。こうした結果は先に論じた二つの相反する仮説のうちの一つを裏書しているといえる。すなわち、民主主義的な原則や制度を支持する中間層市民は、中国共産党が認可する選挙に参加する可能性が低いという仮説のほうである。

中間層回答者の間に見られる民主主義支持と接触・陳情行動の間の二変量相関関係の結果は、表5・4にまとめてある。これによれば、中間層回答者の間では、民主主義や民主化をもっとも強く支持する市民は接触・陳情行動に参加する可能性がもっとも高く、一方、民主主義をさほど支持しない市民はこうした活動に参加する可能性がもっとも低いことが示されている。たとえば、民主主義に対して高い支持度を示した回答者の四四%は、接触・陳情行動にも高頻度で参加している一方、民主主義支持が低い回答者の過半数(五七%)は、こうした活動への参加頻度も低いことがわかった。こうした結果は、先に提示した二つの相反する命題のうちの一つ、すなわち民主的価値や制度を尊重している中間層市民は、各レベルの政府部局に接触し、政府関係者に陳情する可能性も高いという命題を明らかに裏づけている。

第3節では、表5・3と表5・4にまとめた民主主義支持と、二つのタイプの政治参加形態との間の相関関係の二変量解析の結果を、多変量解析というより堅固な検証方法を使って検証する。その前に、まず国家部門による雇用という、中間層による政治参加のもう一つの重要因子に目を向けてみたい。

3　国家部門による雇用の(非国家部門による雇用との比較における)政治参加への影響

これまでの章でも述べたとおり、雇用形態や労働状況が人の政治姿勢に影響を及ぼすことは大いにあり得る。民主主義に向けての政治変動は自らの地位を脅かし、自らの既得権益を危険にさらす可能性があるので、国家部門に雇用されている中間層市民はこれをあまり支持しない傾向があることも示してきた。同様に、中間層のなかでも国家部門で働く市民は、国家への挑戦と受け取られる可能性があるゆえに自分たちの個人的成功に否定的影響を及ぼしかねない政治活動に参加する可能性が、非国家部門で働く市民よりも低いと想定することも可能だ。これは単に、国家部門に雇用された中間層市民は、自分たちが強い観念的、制度的、物理的結びつきをもつ国家に挑む誘因を欠いているということを表しているに過ぎない。たとえば、国家部門で働く中間層市民と、非国家部門で働く中間層の間の政治参加の動機に関する違いを浮き出させる例として、都市部の住宅状況について考えてみよう。

ポスト毛改革以前、都市部住民は自分たちが住む集合住宅を所有してはいなかった。住居施設のほぼすべては政府が所有し、これを低家賃で都市部住民に「分配」していたのだ（Whyte 1985; Tang and Parish 2000; Zhou 2004）。一九八〇年代はじめ以降、中国政府は徐々に住宅供給を民営化し、最終的には都市部における住宅分配を停止してしまった（Wang and Murie 1996; Chiu 2001）。その結果、都市部住民はすべて（国家部門に雇用されている住民の場合は）自分が所属する労働単位から補助金を得て、市場価格よりも安く住宅を購入するか、（国家部門に雇用されていない住民の場合は）より高価な市場価格で購入しなければならなくなっている。住宅供給の民営化により、商業ベースの住宅供給(中国語では「商品房」)を通じての住宅所有と、労働単位が補助金を提供した所有(中国語では「単位福利房」)の二種類の住宅所有形態が生じている。通常、非国家部門に属する中間層市民は商業ベースの住宅を所有をしている一方、国家部門に働く中間層市民の場合は労働単位からの補助金提供を受けた住宅所有を享受しているものだ(Chiu 2001; Read 2004; Tomba 2004)。

欧米の場合と同様、中国の中間層市民も、一般的に持ち家などの私有財産を守ることに高い関心をもっている。しかし中国の中間層を構成する二つのグループ、すなわち国家部門で働く中間層と非国家部門で働く中間層の二つの場合、自分たちの不動産所有に不利に働く問題に対し、違った対応をとる可能性がある。国家部門で働く中間層市民の場合、問題を解決するために、従来型できちんと制度化されており、挑発的なところの少ないチャンネルを通じて所属する労働単位に接触する傾向が強い。この種の行動は、おそらくは、国家部門で働く中間層市民は、一党独裁国家と制度的、観念的に緊密な結びつきをもっているという根源的な事実を反映しているものと思われる。反対に、非国家部門に働く中間層の場合は、政府に個別にあるいは集団として陳情したり、党や政府関係者に接触したり、「従来型の制度化されたチャンネル」とはいいがたいチャンネルで、それゆえに当局に対して挑発的なきらいのある措置に訴える傾向がある。

非国家部門で働く中間層からの要望は、少なくとも地方レベルでは、当局に対して何がしかの挑戦を突きつけている。民間部門で働く、政治的に有能で十分に知識をもつ中間層市民は、たとえば持家人組合のようなものを組織したり、自分たちの財産の利益と権利を守るための抗議運動を組織したり、これまではあまり見られなかった行動をとってきている(Read 2004; Tomba 2004; Cai 2005)。実証研究や実証報告のなかには、新たに台頭した持家人組合が、非国家部門に働く中間層市民の利益を守る手助けをしたケースなどを取り上げたものもある(Dolven 2003; Fan 2005; Read 2004)。こうした持家人組合は、多くの場合、地域住民によって始められ、自律的に運営されている場合が多いことは特筆に値する。しかしながら、多くの都市部では地方政府がこうした組合の正統性を認めず、その活動を制限しようとしてきている[★8]。さらに、非国家部門に属する有能な中間層市民の場合、自分たちの要求が受け容れられない場合、抗議のデモを組織することすらあり得るのだ。

既存の研究の多くが、非国家部門に働く中間層が自らの財産権を守るためにとった集団的行動を取り上げている(Cai 2005; Read 2004)。たとえば、非国家部門に働く中間層市民が、政府や不動産会社と集団交渉するために持家人組合を組織した事例がある(Cai 2005; Read 2004)。回答者の一人である第118夫人は、詳細聞き取り調査のなかで次のように述べている。

自分たちのお金を使ってアパートを購入したのだから、政府が好きなように私たちの利益を侵害することなどあってはならない。そんなことが起きたら私たちも、自分たちを組織して政府と集団交渉するほかはない。

二〇〇五年に起きた「鉄塔権利擁護キャンペーン」は、非国家部門で働く中間層による自己利益擁護活動の好例である。この事例では、北京市昌平区の回竜観地区の住民のうち、大半を占める若い知識人や民間部門のビジネスマンが、アパートの所有者としての権利を擁護するために権利擁護キャンペーンを展開したものである。当地の地方政府当局は、回竜観地区に隣接して電気通信用の建物を建設したいと考えた。同地区の住民は、その建物のアンテナが発する電磁波は健康に害を及ぼし得ると考えたので、この建設に猛反対した。実は、二〇〇五年あたりを境に、大都市、中都市では所有権擁護にかかわる事例が増え始めた。持家人組合組織に加え、非国家部門で働く中間層が大半を占める商業ベースのアパートの所有者たちは、インターネット・フォーラムを通じて署名集め運動を行ったり、住民問題やコミュニティ問題に関して、従来以上に民主的な意思決定を行うよう訴えたり、自らの私有財産を守るための活動に参加してきている(Cai 2005; Dolven 2003)。

全体的に見れば、中国都市部における私有財産権を守るためのこうした活動からは、現代中国の中間層を構成する二つの下位集団を区別する政治行動の違いについて、少なくとも二つの重要な教訓を得ることができる。一つは、中間層の国家部門で働く市民も、非国家部門で働く市民も、双方とも個人の権利や私有財産の保護、全般的な社会政治的地位の現状維持など共通の利益を多く有しているが、一党独裁国家との関係の違いにより、こうした利益の追求の仕方に差が出る可能性があるという点だ。もう一つの教訓は、非国家部門に働く中間層の、一党独裁国家との観念的、制度的結びつきは国家部門に働く中間層よりも弱いので、前者は後者よりも、非従来型で権威に対してより挑発的な政治参加の形態を選択する可能性が強いというものだ。こうした二つの教訓から、非国家部門に働く中間層市民のほうが、「選挙への参加」よりも非従来型で、かつ権威に対して挑発的なものだと思われている「接触と陳情」行動に参加する可能性が高いと示唆される。

この推測を探求するべく、二つのクロス集計を通じて、相関関係の二変量解析を二つ、それぞれ別個に実施した。そのうちの一つは雇用形態と選挙参加の間の相関関係を探求するもので、

表5.5　雇用形態と投票行動の間の相関関係

投票活動	雇用形態	
	非国家部門（%）	国家部門（%）
低レベル	62.5	13.6
中レベル	18.1	33.1
高レベル	19.4	53.9
合計	100.0	100.0
	ガンマー値= 0.75*	

註：すべての投票行動の変数の質問項目を結合させ、投票行動の頻度を表す加法指数を形成した。そのうえで、この指標を、高レベル、中レベル、低レベルの三つのカテゴリーに三分割した。国家部門での雇用＝1、国家部門外での雇用＝0。
* $p<0.05$。

もう一つでは雇用形態と接触・陳情行動の間の相関関係を探った。表5・5は、雇用形態と選挙参加の間の相関関係をまとめたものだ。得られた結果は、全体的にいって、国家部門に雇用されている中間層は、非国家部門に雇用されている中間層よりも、投票行動に参加する可能性が高いであろうという予測をおおむね裏づけているように思われる。具体的に見ていくと、国家部門に働く中間層の過半数（五四％）は選挙において高い参加頻度を示しているのに対し、非国家部門に働く中間層の大半（六三％）は選挙活動にはほとんど参加しないか、まったく参加しないことがわかる。

他方、雇用形態と接触・陳情行動の間の相関関係をめぐる二変量解析の結果を表5・6にまとめた。得られた結果は、非国家部門の中間層は、国家部門の中間層よりも、接触・陳情行動に参加する可能性が高いに違いないという当初の予測を裏づけている。たとえば、非国家部門の中間層

表5.6　雇用形態と接触・陳情行動の間の相関関係

接触・陳情活動	雇用形態	
	非国家部門(%)	国家部門(%)
低レベル	26.5	70.1
中レベル	27.2	17.2
高レベル	46.3	12.7
合計	100.0	100.0
	ガンマー値=−0.71*	

註：すべての投票行動の変数の質問項目を結合させ、接触・陳情行動の頻度を表す加法指数を形成した。そのうえで、この指標を、高レベル、中レベル、低レベルの三つのカテゴリーに三分割した。国家部門での雇用=1、国家部門外での雇用=0。
* $p<0.05$。

の大半(七三%)が接触・陳情行動に対して、中から高レベルの参加を見せているのと対照的に、国家部門で働く中間層の場合、わずかに三〇%程度がこうした活動に積極的に参加しているだけだ。

4　多変量解析

これまで、一方に中間層の民主主義に対する姿勢と雇用形態を置き、他方に政治活動の二つのカテゴリーに対する参加を置いて、その間の相関関係に二変量解析を加えてきた。しかしながら、それぞれの説明変数が、中間層の政治行動にもつ独自の影響を見極めるためには、それぞれの相関関係に関してより堅固な検証方法を提供できる多変量解析を行う必要がある。そのため、三都市調査[★9]の全標本に基づき、重回帰モデル(OLS)により分析した。モデルの一つは選挙参加に関するもので、もう一つは接触・陳情行動に関するものだ（表5・7）。二つのモデルそれぞれで、中間層の民主主義に対する姿勢と雇用形態は、それぞれ独自に中間層の政治行動に影響を与えているのかどうかを見極めるため、三種類の制御変数を導入した。その三つとは、個人と国家機関との関係、個人の主要社会人口統計学的特質、個人が居住する地域の社会経済状況の三つである。

全体的にいって、二つの重回帰モデルは、両方のモデルで独立変数となっている民主的価値や制度に対する姿勢が、中間層の選挙参加（モデル1）に統計学的に有意な否定的な影響を及ぼす一方、中間層の接触・陳情行動への関与（モデル2）に対しては、統計学的に有意な積極的な影響を及ぼしていることを示している。これで民主主義支持が、二種の政治行動にもつ影響は制御変数とは無関係であることが判明した。換言すれば、民主的価値や制度を強く支持する中間層市民が、地方人民代表大会や社区居民委員会の選挙に参加する可能性は高くないが、個人ないしは集団で政府関係者や政府機関に接触する可能性は高いということになる。

こうした結果は、先に提示した四つの仮説のうちの二つを支持しているように思える。一つは、民主的価値・制度を支持する市民は、地方人民代表大会や社区居民委員会の選挙などの、公式で従来型の参加チャンネルを、「非民主的で、一党独裁を正統化するという機能にのみ供

表5.7　中間層内の民主主義支持のレベルごとの政治参加の多変量解析（OLS）[a]

	選挙活動カテゴリー（モデル1）[b]	接触・陳情カテゴリー（モデル2）[c]
民主主義支持[d]	−0.080* (0.041)	0.110** (0.043)
国家部門での雇用[e]	0.077* (0.048)	−0.080* (0.043)
性別[f]	−0.006 (0.076)	−0.027 (0.079)
年齢	0.018** (0.004)	0.061* (0.005)
教育程度[g]	−0.038 (0.047)	0.064 (0.005)
総家計収入[h]	−0.115 (0.074)	−0.0170** (0.077)
共産党党籍[i]	0.231** (0.094)	0.093 (0.107)
居住地[j]		
北京	0.432** (0.102)	0.156 (0.107)
成都	0.603** (0.111)	0.174 (0.116)
統計定数サマリー	0.295 (0.768)	1.102 (0.803)
決定定数（R^2）	0.261	0.256
調整済決定定数	0.248	0.238
全体数	678	678

註：*では p <0.05、**では p <0.01。

a　括弧内は標準誤差。

b　選挙参加の値は、中国共産党選挙への参加、社区居民委員会候補任命への参加、地方人民代表大会選挙での投票の三項目の因子スコア。

c　接触・陳情の値は、政府への個人的陳情、政府への集団陳情、共産党、政府役員との接触、地方人民代表大会代議員との接触の四項目の因子スコア。

d　民主的価値・制度の支持の値は、参加規範の支持、（秩序との比較において）政治的自由の重視、競争的選挙の支持、権利意識の四項目の因子スコア。

e　国家部門は、政府・共産党機関、国有企業ならびに公的機関を含む。国家部門での雇用を1とし、国家部門外での雇用を0とする。

f　男性＝1、女性＝2。

g　中等学校以下＝1、高校＝2、中等教育後専門訓練修了＝4、四年制大学修了＝4、大学院修了＝5。

h　家計収入＝自然対数（総家計収入）。

i　回答者に「共産党の党員か」と問い、党員でなかった場合は0、党員だった場合は1を充てたもの。

j　西安は参考集団に繰り入れ。

する」(Chen and Zhong 2002, p.185) 形式的なものに過ぎないと見る傾向があるという仮説である。このように民主主義の支持者は、一党独裁に抗議の意を示すために、こうしたチャンネルを無視するかボイコットするかのいずれかを選択する。

一例として、北京の合弁企業の財務部長、第10氏とのインタビューを取り上げてみよう。第10氏は、民主的価値を信奉しており、現行の地方人民代表大会や社区居民委員会の選挙にきわめて批判的立場をとった。インタビューのなかで同氏は次のように述べた。

現行の地方人民代表大会選挙は、準民主主義的仕掛けに過ぎない。立候補者の指名は、実質的には中国共産党の地方委員会と政府部局によって支配されてしまっている。中華人民共和国憲法では、共産党以外の政党も含むすべての政党や社会組織が、単独もしくは合同で人民代表大会の候補者を推薦でき、有権者もしくは(地方人民代表大会の)代議員は、最低一〇名の推薦が得られれば候補者を指名することができるようになっている。しかしながら実際はそうなってはいない。実際は、有権者にしろ代議員にしろ、共産党の締めつけがきついため、候補者を指名できないでいるのが実情だ。加えて、人民代表大会代議員の直接選挙は、地方人民代表大会(郡および市町村レベル)に限られている。これ以上のレベルでは、人民代表大会代議員はすべて間接的に選出される。こうした間接選挙では、共産党が政治的コントロールを行使する機会がふんだんにある。第三に、地方人民代表大会選挙における政治的競合は、非常に限られているか、皆無だといってもよい。組織化された政治キャンペーンはほとんどなく、候補者と有権者の直接的交流もほとんどないといってよい。その結果、有権者のほとんどは、投票当日まで候補者を知らないという事態になる。私にいわせれば、現行の地方人民代表大会選挙は、いわゆる社会主義民主主義の飾り窓に過ぎず、実際には何の意味もない。

第10氏は、社区居民委員会の選挙についても、次のように言っている。

社区居民委員会の選挙に関していえば、これには何の重要性もない。そもそも社区居民委員会は何をするかというと、地域共同体内の瑣末なことを扱うだけだ。コミュニティ運営の本当の力は、「物業管理公司」と呼ばれる一種の資産管理会社が握っている。さらに悪いことに、選挙そのものが民主的でない。たとえば、地域共同体の多くが委員会委員の直接選挙を実施していないし、委員会メンバーを選出するための間接選挙すら採用していないコミュニティも多い。さらに問題なのは、候補者の指名は(中国語でいう)「街道」役場のリーダーたちが支配していることだ。

解析結果が裏書しているもう一つの仮説は、民主主義を支持する市民（ここで注意しておかなければならないのは、中間層回答者のうち民主主義を支持する市民は数が少ないということだが）には、接触・陳情行動に関与する可能性があるという仮説である。民主主義支持派は、各レベルの政府当局や個々の役員のほうが、徐々にでも改革を進め、少なくとも自分たちの声を表現するチャンネルとしては、地方選挙をはじめとする正式な政治手続きよりも有意義であると考え、接触・陳情を通じて影響力を行使するほうを好む。

たとえば、成都市の民間企業で販売部長を務める第29氏の例を見てみる。同氏は、民主主義の支持と、接触・陳情行動の間の因果関係を活写してみせてくれた。現在三〇歳代半ばの第29氏は、次のように語った。

中国の正式機関は、社会主義民主主義の旗印のもとで、人民の利益に供すると謳ってはいるものの、ほとんど何の意味もない。確かに、現在のシステムでも毛時代よりは開放的になっているので、問題によっては、とくに政治以外の問題に関しては、感じているところを発言する機会はある。問題が人々の個人的利益に絡むものである場合、政府のお役人の何人かは力づくではなく交渉によって問題解決を図ってくれる。問題が政治がらみでない場合は、政府も、一般市民に陳情して自分たちの利益を表明するよう奨励している。だから、政府のお役人と接触することは、問題解決の非常に有用な方法であるかもしれない。これは、中国の政治制度改善の兆しのように思われる。だから、近所の明かりや騒音レベルなどの身近な問題があれば、いつでも地元のお役人に接触するようにしてきたつもりだ。見たところ、こうやって接触をとることは、自分の場合も他の人たちの場合も、効果はちゃんとあるようで、近所の問題は目に見えて改善されてきている。私の見るところ、中国国民はすべて、問題があれば立ち上がり、陳情を通じて言いたいことを主張すべきだと思う。中国の政治制度を改革し、民主的にするにはこの方法しかない。

表5・7が示すとおり、国家部門による雇用は、選挙参加には正の影響をもつが、接触・陳情行動には負の影響を及ぼしている。こうした結果は、国家部門で働く中間層市民は、地方人民代表大会選挙や社区居民委員会選挙など、政府の認定する選挙には参加する可能性が高いが、他方、(自分が働く政府機関や国有企業を除く)役人や役員に接触したり、政府に陳情したりする可

能性は高くないことを示している。反対に、民間部門に雇用されている中間層には、各レベルの政府関係者と直接接触し、陳情する傾向がある。こうした結果は、中間層でも非国家部門で働く市民の場合、選挙への参加よりも、非従来型で権威に対して挑発的だと思われている接触・陳情行動に参加する可能性が高いに違いないという当初の予想を裏づけている。

社会人口統計学的特性（上記の多変量解析では制御変数の扱い）に関しては、性別と教育程度は、二つの政治行動カテゴリーに有意の影響を与えていないことがわかる。しかし、年齢、収入と党籍は、それぞれ違ったかたちで一方か双方のカテゴリーに影響を及ぼしている。具体的にいうと、回答者の年齢が上がれば上がるほど、双方のカテゴリーの参加行動に関与する可能性が高くなることがわかった。収入は、選挙に対する行動にはさほど大きな影響を与えないが、接触や陳情行動には強い負の影響を示した。高収入の市民が役人に接触し、政府に陳情する可能性は、低収入市民に比べて非常に低い。加えて、党籍は選挙参加に強い正の影響を及ぼしているが、接触・陳情行動にはあまり大きな影響を与えていない。

最後に、以上二つの多変量解析から得られた成果は、居住地の社会経済状況が政治行動に与える影響に関して、互いに相反するメッセージを発している。表5・7が示しているように、発展の進んだ地域（北京や成都）に住む市民は、発展の相対的に遅れた地域（西安）の市民よりも、地方選挙に参加する可能性が高いものの、居住地と中間層の接触・陳情行動との関係は統計的有意なものではない。

5　論考と結論

中国の中間層の政治参加には、どのようなパターンがあり、その頻度はどの程度のものなのだろうか。中国の新興中間層の民主主義に対する姿勢は、どのように階層としての政治行動に影響を与えるのであろうか。本章で得られた成果は、こうした疑問に光を当てて得られたものだ。第一に、今回の調査の中間層回答者が典型的に関与する政治行動のカテゴリーを二つ特定した。すなわち、選挙への参加と接触・陳情行動の二つのカテゴリーである。この二つのカテゴリーは、概念的にも経験的にも異なったものではあるが、両方とも現代中国では完全にリスクがないとはいえないまでも正当な活動だと認められている。

また、同時に、中間層の間では、接触・陳情行動よりも選挙活動のほうが普通に行われている参加活動であることがわかった。しかしながら、中間層回答者による二つの政治活動カテゴリーへの参加レベルに関する実証的発見は、三つの主要都市だけでの調査から得られたものに過ぎず、中国全体に直接的に一般化することはできない可能性がある。それでも、中国の他地域から得られた調査結果と比較できるような、中国中間層の政治参加の程度と特徴に関する統計的ベースラインを確立するうえで、一助になることは間違いない。

中間層の民主主義に対する姿勢が同階層の政治行動に与える影響に関しては、民主的価値や制度を強く支持する市民は投票所に近づかない傾向があるものの、さまざまなレベルの役人個人に接触したり、個別ないしは集団で政府当局に陳情したりするような行動には関与したりする傾向があることも明らかになった。換言すれば、中国の中間層の大半は民主主義を支持していないように思われるものの、少数派に当たる民主主義支持者には、直接の接触や陳情のほうを好み、地方選挙を無視する傾向がある。加えて、国家部門に雇用されている中間層市民のほうが、非国家部門で雇用されている中間層市民よりも、選挙における投票をはじめとする従来型の政治活動に参加する可能性が高く、他方、非国家部門で働く中間層市民は、国家部門で働く中間層市民に比べて、政府関係者と接触し、陳情するなどの、非従来型(ないしは権威に対して挑発的な)活動に関与する可能性が高いのだ。

こうした調査結果は、どのような政治的含意をもつのだろうか。一方で、調査結果は、地方人民代表大会選挙や社区居民委員会選挙などの中国の公式政治制度は、中間層の民主主義支持者層にとって自分たちの政治的選好を表現するための理想的なチャンネルとはなっていないことを示唆している。他方、中間層内ではほんの少数派である民主主義支持者たちは、役人との接触や、政府に対する個別ないしは集団の陳情などの非公式の政治チャンネルは、自分たちの見解を伝え、要求を提示するうえではより意味のある方法だと考えているようだ。その結果、政治参加の公式チャンネルは、現行の政治制度に対する支持を懇請する傾向があるのに対し、非公式チャンネルは中間層の間で民主的傾向を促進する傾向があると結論づけてもよいように思われる。したがって、非公式のチャンネルに対する中間層の参加が増えることは、中国における民主化の触媒として中間層がより大きな役割を果たしていく前触れとなるかもしれない。

第6章

結論
──「条件次第」の民主主義支持と民主化の行方

いったい中国のような発展途上諸国においては、中間層という集団は、常にではないにしろ、普通、民主主義や民主化を支持するものなのだろうか。本書第一章でも示したとおり、この疑問は、過去数十年にわたり、社会科学者も政策形成に実際携わる担当者をも、等しく戸惑わせ、かつ魅了してきた。第二次世界大戦後、開発途上地域・諸国の一団が国家としての独立を獲得し、経済発展の緒に就いた。それ以来ずっと開発・発展の専門家たちは、こうした新興独立諸国(その大半が非民主主義国家であった)の政治変動と経済発展で中間層が果たす役割について、いろいろと推論してきている(Rose, Mishler, and Munro 2011, p.157)。たとえば、二〇世紀末に地球レベルで目撃された民主化の「第三の波」(本人命名)を活写し、見事な分析を加えた世界的政治学者サミュエル・P・ハンティントンは、この民主化の波をもたらすうえでもっとも力のあった要素の一つは、「多くの諸国で膨大に拡大した(中略)都市部の中間層」であったと指摘している(Huntington 1991, p.45)。独裁政権に対する大衆の反乱としてはもっとも直近の、アラブ世界における運動でも、都市在住の中間層が非常に重要な役割を果たしたといわれているが、この中東の運動も、発展途上諸国における政治発展の道筋をかたち作るうえで、中間層が文化的、地理的相違を超えて、いかに大きな役割を果たし得るかを如実に示している。こういった事例があるので、中間層の果たす役割を把握することが喫緊の課題となっている。

著者自身の行った確率標本抽出調査と詳細聞き取り調査（すべて二〇〇七年と二〇〇八年の間に、北京、成都、西安という主要都市で行ったもの）から得られたデータに基づき、これまで開発途上世界の民主化における中間層の役割をめぐる根源的な問いに答えようとしてきた。中国は、たとえば中国共産党による堅牢な一党独裁制を敷いていたり、世界最大の人口を抱えていたりで、他の多くの開発途上諸国とは一線を画している。しかしながら、それでも中国は、後発工業国であり、他の発展途上諸国や後発工業諸国とも多くの特徴を共有している。たとえば、（先発工業化諸国における国家の役割との比較において）経済発展における国家の強大な役割、近年の新興中間層の台頭と成長、中間層と国家の強い結びつき、さらには国家の非民主主義的性格などである。こうした類似点のゆえに、本書で展開している分析は、中間層の民主主義や民主化に対する姿勢という観点から、開発途上世界の政治的軌道や中国の政治変動の展望を理解するうえで、重要な教訓を提供できるかもしれない。

前章で提示した中国中間層の民主主義に対する姿勢や行動に関する観察を、よりいっそう強化し、中国や他の開発途上世界に関して見られる現象の含意をよりよく理解するため、本章では、まず、民主化における中間層の役割を巡る一般理論的議論を要約する。そのうえで、本研究から得られた実証的発見に光を当て、それらのもつ重要な政治的、理論的含意を明らかにしていきたい。

1　理論的枠組み——近代化、中間層と民主化

民主化における中間層の役割についての理論論議は、経済発展と民主化の間の関係という、より広い文脈のなかでとらえ直すことができる。発展と民主化の間の関係、もしくは因果関係については、開発途上諸国、先進諸国双方の発展・開発研究者や政治指導者が、幾世代にもわたって追求してきた。発展と民主主義の間の相関関係の性格と方向性に関しては、明確で決定的なコンセンサスはいまだに得られていないものの、大半の発展専門家や政治指導者の間では、経済発展は民主化を導き出すというのが社会通念化しているように思われる。ダイアン・E・デイヴィスがいみじくも次のように指摘している(Davis 2004, p.343-344)。

経済発展は、民主主義と何らかのかたちで相関しているという考え方は、開発関係専門家サークルの間に流布され、何度も見返されている主張の一つだ。急速に自由化の度合いを深める現代の世界にあって、合衆国国務省報道官の間でのみならず、広く学界・研究界におい

ても、この見方を提唱する新しい世代が生まれてきており、すでに自明の理の域にまで達してしまった観がある。

さらに、この暗黙のものでありながらも隠然たる力をもつ「自明の理」が、実は一見理路整然としているように思える枠組みのなかに潜んでいるということも銘記すべきだろう。この枠組みについては、ウォルト・W・ロストウの一九六〇年の著作『経済成長の諸段階——一つの非共産主義宣言』(*The Stages of Economic Growth: A Non-Communist Manifesto*)(Rostow 1960)のなかで、おそらくもっとも純粋なかたちで呈示されている。西欧と北米の経験に基づき、この枠組みは、経済的にはすべての国が同じか、類似の経済発展の段階(伝統的社会から、離陸のための先行条件期、離陸期、成熟への前進期、高度大衆消費時代の五つの段階を経てポスト工業社会に至る)を順番に経験し、最終的には近代性のもっとも高いレベルを達成すると論じる。加えて、この枠組みは、こうした経済的転換は不可避的に政治的には民主主義制度を、社会的にはより公正な社会を導き出すと予言する。経済発展と民主主義の間の正の因果関係を強調するこの理論的命題を最初に紹介し、これを肉づけしたのはシーモア・マーティン・リプセットである。リプセットは、経済発展は教育レベルの向上につながり、これが民主主義を可能にする政治的姿勢(たとえば一般的信頼や政治的寛容性）を涵養すると示している（Lipset 1959）。

近代化理論の枠組みと平仄を合わすかたちで、学界や政策立案者サークルの多くは、近代の経済発展のもっとも重要な産物の一つである中間層が、政治の民主化に向けてもっとも強力な媒体として機能すると確信している。本書では「単線的アプローチ」と呼んでいるこの系列の考え方は、中間層が不可避的に民主主義を支持し、同じく不可避的に民主化の触媒的役割を果たすと主張し、近代化理論の一般枠組みを肉づけし、これを強化してきた。要するにこのアプローチは、経済発展と中間層の誕生と政治的民主化の間には、単線的で継続的な関係があると想定しているのだ。さらに、大なり小なりロストウが叙述したようなかたちで、近代化が段階を一つずつ上がっていくに従い、「経済発展が、人口の大多数が下層貧困階層であるようなピラミッド型の社会階層システムを、人口の大多数が中間層に属し、比較的に裕福なダイアモンド型のシステムに変えていく」（Muller 1997, p.134）と主張する。そのうえで、中間層は、非民主主義社会において、自己利益から、ほぼ普遍的に、民主化の先駆者として機能することになる［★1］。より具体的に見てみると、中間層が民主主義を支持するのは、自分たちの個人的権利とささやかな財産所有を、政府や上層の社会階層からの侵害から効果的に保護することは、民主主義のもとにおいてのみ可能だからだ（Glassman 1995, 1997）。加えて、この論をとる研究者のなかには、社会行動学的見地から、中間層市民は、より下層の社会階層と比較して、公共問題をよく理解し、より効果的に参加するに足る教育レベルと余暇時間をもつので、民主主義を選好すると論じる者もいる（Mills 1953; Lane 1959）。単線的アプローチは、一九六〇年に出版され、その影響力が現在にまで及んでいるリプセットによる名著『政治のなかの人間――ポリティカル・マン』（*Political Man*）（Lipset 1959, 1981）によりよく知られるようになり、「その後数十年にわたり、数量分析研究でも、政治論議のなかでも幾度となく繰り返し登場してきている」（Davis 2004, p.344）。

しかしながら、これまでの章でも論じてきたように、この「自明の理」は深刻な疑念を受けてきている。ただし、この疑念は、実際の政治に携わる政策担当者の間でよりも、学問の世界のほうでより広汎に取りざたされているといえるかもしれない。こうした学問の世界での突き上げの先駆者の一人、アレクサンダー・ガーシェンクロンは、近代化理論の中核となる枠組みを批判している（Gerschenkron 1962）。欧州の数カ国に関する比較研究をもとに、ガーシェンクロンは、近代化は、近代化理論が主張するようにどの国でも等しく単線的な道をたどるわけではないと述べ、直面する国内的、国際的状況がそれぞれ独特なので、いち早く産業革命に着手した諸国（たとえば英国）、こうした国々よりはやや遅れて工業化に着手した国々（たとえばドイツ）、ならびにドイツなどよりもさらに遅れて工業化に着手した国々（たとえばロシア）とでは、相当に違った展開を見せる可能性があると指摘している。

近代化理論に対するこのガーシェンクロンの反論は、同理論の核となる枠組みに対する相次ぐ批判の呼び水となった。こうした批判のもっとも最近の例の一つは、本書のテーマとも近い、ヴァレリー・バンス、マイケル・マクフォール、キャスリン・ストーナー＝ワイスの研究である（Bunce, McFaul, and Stoner-Weiss 2010）。ポスト共産主義の欧州・ユーラシア大陸における最近の政治変動の研究を踏まえ、この三人の共同研究者は、各国の抱える社会経済的、社会政治的条件がそれぞれ異なるため、近代化もしくは経済発展はかならずしも「国境をまたいだ民主主義秩序の広がり」をもたらさず、むしろ独裁政権の誕生をもたらすことすら往々にしてあると指摘している。換言すれば、こうした反論に従えば、近代化と民主化の間には、かならずしも因果関係的な単線的リンクがあるわけではないということになる。

この経済発展と民主化の間の関係は絶えず変化するという見方は、近代化理論に真っ向から挑戦する見方だが、これに賛同する研究者の一団が、英国などよりも遅れて工業化に着手した国々の民主化における中間層の役割に対する、本書では「条件次第アプローチ」と呼んでいるアプローチを開発した。この「条件次第アプローチ」は、中間層の民主主義に対する志向性は、いくつかの重要な社会政治的、社会経済的条件次第であると説く。この「いくつかの重要な社会政治的、社会経済的条件」は、それぞれの国の社会政治的文脈と、その国が現在占めている経済発展の段階に伴って違ってくる。これまでの章でも論じたように、こうした条件や要因には、主なものだけでも、中間層の国家への依存（もしくは国家からの自立）、市民の社会経済的成功の自覚、他の社会階層（たとえば上層階層、または下層階層）との政治的結託、社会階層としての結束具合（もしくは分散状況）、さらには政治的不安定に対するおそれなどが含まれているが、リストはまだまだ続く。たとえば、ルーシェメイヤー、スティーブンスとスティーブンスは、民主化における中間層の役割は、曖昧であることが往々にしてあり、その階層の階層構造全体における位置によって変わってくるとしている（Rueschemeyer, Stephens, and Stephens 1992）。要するに、ガーシェンクロンや彼の賛同者が描く絶えず変化する近代化のプロセスのなかで、中間層の民主化に対する姿勢や役割は、特定の時期、特定の社会における中間層を巡る重要な社会経済的、社会政治的条件次第だということになる。

要約すると、近代化理論（ロストウと彼の追随者により広まる）と、この理論に非マルキシズムの立場から反論する議論（ガーシェンクロンや彼の賛同者が推進）という二つの主要な哲学的、理論的伝統が、経済発展と民主化の関係に関し、二つの異なる仮設を提示しているといえる。近代化理論のほうは、経済発展と民主主義の間には単線的で正の相関リンクがあると論じるが、この理論の批判者は、経済発展と民主主義の間の関係は単線的ではなく、絶えず変化するものだと主張している。この二つの理論陣営のそれぞれの中から、中間層の役割に対する独特のアプローチが、それぞれ一つずつ育ってきた。近代化理論に根ざした「単線的アプローチ」は、近代化の一産物である中間層は、不可避的に民主化を推進すると見る。他方、この近代化理論に批判的立場をとる陣営からは、「条件次第アプローチ」が生まれ、中間層の民主主義に対する姿勢や志向性は、その社会に特有な社会経済的、社会政治的条件によって左右されると論じている。

本研究から得られた結果は、単線的アプローチに疑義を呈し、条件次第アプローチを強く支持するような実証的証拠を提供している。さらにいえば、本研究の成果は、経済発展は民主主義を支持する中間層を不可避的に生み出すとは限らず、また、経済発展はかならずしも不可避的に民主的な政治制度をもたらすわけではないことを示しているという意味で、少なくとも間接的に近代化理論そのものに異議を唱えているといえる。この結論をより強固にするため、次節では今回の研究の主たる成果を振り返ってみる。

2　実証的発見——中間層の民主主義支持と現政権支持、および同階層の政治行動

本書全体を通じて、著者は次の四つの根本的疑問に答えようとしてきた。すなわち、①今日の中国では、だれが中間層に相当するのか、②中間層は、民主主義を最上の政府形態として支持するのか、それとも現行政府を支持するのか、③中間層は民主主義をなぜ支持するのか、なぜ支持しないのか、④民主主義に対する姿勢は、中間層の政治行動にどのような影響を与えているのか、の四つである。これらの疑問に答えるために使用した実証的証拠は、二〇〇七年と二〇〇八年に、北京、成都、西安という中国主要三都市で実施された確率標本抽出調査と詳細聞き取り調査から得られたデータが中心となっている。

第一章で解説したとおり、本研究から得られた発見、ことに三都市の人口に占める中間層の割合や、中間層の民主主義支持と現政権支持の程度、さらにはさまざまな政治的活動への参加の程度に関するものは、直接、他の発展途上国や中国の他地域に一般化できるとは限らないものの、これらの発見は、将来の研究から得られる研究成果を評価する際に使用できる重要な基

線（ベースライン）を提供しているといえよう。こうした成果を積み重ね、これらを継続的に評価していくことで、最終的に、世界中の発展途上諸国では中間層はどの程度、またどのような社会政治的、社会経済的文脈のなかで、民主主義と民主化を支持するのかに関する、より包括的な全体像を提供できるのではないかと思われる。

しかしながら、他方、本書で提示した相互連関に関する研究成果、ことに主要独立変数（たとえば、中間層の国家への依存の度合いや、同階層の人生に関する相対的に高い満足度など）が、この階層の民主主義の支持や現政権の支持に与える影響に関する発見は、中国他地域や他の発展途上諸国、とくに現状が現在の中国都市部に類似の地域に、直接適用することが可能かもしれない。こうした発見により、独立変数が中間層の民主主義や現行の非民主主義政権に対する姿勢や行動志向性に与える因果関係的効果を説明することが可能となった。

要するに著者は、中国三都市で収集したデータに由来する発見とその含意を使えば、中間層市民の民主主義に対する姿勢や行動の志向性に関して、先に提示した四つの重要な疑問に対する回答探しに貢献できると考えている。本節では、これまでの章で扱った実証的発見を振り返ってみる。

今日の中国では、だれが中間層なのか

新しい社会階層として登場し、一九九〇年代前半以降、急激に拡大した中国の中間層という概念を操作可能なものにすべく、欧米の社会科学研究書でよく使われている中間層の三つのタイプの計測法(主観的アプローチ、客観的アプローチの定量派分派、同じく客観的アプローチの定性派分派の三つ)を、中国社会でも適用可能かどうかに検討を加えた。そのうち客観的アプローチのなかでも定性派分派が、今日の中国の中間層の研究にもっともふさわしいものであるというのが、著者の判定である。

第一に、第二章でも論じたように、中間層定義の主観的アプローチは中国の実情にはそぐわない。これには二つの根本的問題があり、まず、主観的アプローチが適用できるようになるためには、少なくともその社会の人口の大半が、そもそも中間層とは(たとえば労働者階層や上層階層など他の階層と比べて)何なのかという基本的理解をもっていることが前提になる。この理解を涵養するにはとてつもなく長い時間を要するのだ。これに対し中国では、ポスト毛改革の開始以来、階層格差の客観的基盤は徐々にできつつあるものの、中国人民の中間層の主観的概念化は、定着からは依然ほど遠い状態にあるのが実情だ。たとえば、中国社会科学院の高名な社会学者、チュンリン・リーは、中国人の多くは依然として中国社会における階層概念の適正性を

認めず、社会階層の意味と、異なる社会階層を見分ける基準を把握しているのは、ほんの一握りの市民に過ぎないとしている(Chunling Li 2003)。

第二に、客観的アプローチの定量派分派も、中国社会にはそぐわないと考えられる。客観的アプローチの定量派分派で通常使われる枢軸指標である収入レベルは、中国社会の中間層を特定する目的には不向きだということがわかってきている。これは、中国では、①個人の所得に関する正確な数字が手に入りにくく、②地域によって所得に大きな格差が見られるため、中間層を規定する際に使用する所得の基準について、コンセンサスを得たり、一貫性を獲得したりすることが非常に困難だからである。さらに重要なのは、現代の中国社会では、収入はかならずしも個人の真の社会経済的地位を表していない場合があるという問題である(Chen 2004)。

そこで、以上の点を考慮し、主として職業を基準とする客観的アプローチの定性派分派が、現代中国の中間層に対する最適計測法であるといいたい。すでに前の章で論じたとおり、この計測法は他の二つの計測法の欠陥を補うことができるからだ。これは、現代中国では、職業は個人的収入よりもはるかに特定しやすく、かつ地域差が少ないものであり、しかも一つの集団を別の集団から区別して表す傾向があるからである(Oppenheimer 1985, p.7)。したがって、職業をベースにした計測法が、中国社会の中間層の指標としてもっとも信頼性が高く、かつ実際的なものだといえる。この職業をベースにした計測法をもとに、著者は、欧米社会の中間層を構成していると考えられている四つの職業集団、すなわち、自営業者（中国語では「個体戸」）、経営幹部、専門職、ならびに公務員（中国語では「辦事人員」）を組み合わせて、中国の中間層という概念を操作可能化した。二〇〇七年と二〇〇八年の調査から得られた結果は、以上のように職業ベースの計測法を使って定義した中間層は、調査時点で、北京、成都、西安の三都市の人口の二四・四％を占めていることを示している。

中国の中間層生来の社会政治的特性をより徹底的に理解するため、この中間層が誕生した独自の社会政治的背景にも検討を加えた。現代中国における新興中間層の台頭は比較的新しい現象であり、最近二〇年間の国家主導の急速な経済発展の直接的結果である。したがって、現在の中間層は、中国社会の新興中間層の第一世代だとみなすことができる。階層意識というものは、形成されるには一世代以上の時間がかかるので、中国ではまだ中間層の自己意識ができ上がっていないとしても不思議ではない。

加えて著者は、過去二〇年間に中国で新興中間層を作り出し、かたち作るうえで一党独裁国家が圧倒的な役割を果たしてきていることも指摘してきた。この過程において、新興中間層の二つの下位集団の間に分岐が生じた。すなわち、国家部門に雇用されている中間層市民の集団と、国家以外の部門で働く中間層市民の集団の二つの分岐である。前述のとおり、国家部門グループは国家に雇用された市民たちで構成され、今日の中国都市部中間層の過半数(約六割)を占める。このグループは、主として国有企業の経営幹部、公的機関の専門職、政府、共産党諸機関ならびに公共組織の事務局職員などにより構成される。他方、非国家部門グループは、現在は少数派であるけれど成長を続けている。このグループを構成しているのは、私営企業や外資系企業の経営幹部、非国家部門の専門職、自営業者、そして非国家組織のホワイトカラー職員などである。両グループともその誕生と成長に当たっては、一党独裁国家の政策に大きな影響を被ってきているものの、国家への依存の度合いが高く、ゆえに現行の一党独裁国家を強く支持しているのは、非国家部門グループではなく、国家部門グループのほうである。

中間層は民主主義を支持しているのか、それとも中国の現政権を支持しているのか

今回の調査で収集したデータに基づき、中間層の民主主義支持のレベルと、現政権支持のレベルの双方を検討した。まず、中間層の民主的政治制度支持の度合いを検証するため、①個人の権利意識、②政治的自由の重視、③政治参加規範の支持、そして④競争的選挙の支持の四種の民主的価値に対する中間層市民の姿勢を検査した。これまでの章で提示したこの検査の結果

は、新興中間層のメンバーの大半は、民主的制度下では歓迎され、少なくとも理屈のうえでは保護されているはずの個人の権利に対しては好意的である一方、デモ行進や組織結社の自由などの政治的自由に対しては無頓着であることを示している。中間層の大半は、政党に制限のかからない、完全に自由競争的な指導者選挙にも興味を示さず、また、政府の決める事項や政治に参加することに対しても熱意を示さない。のみならず、こうした民主的価値や制度に対する中間層市民の支持は、より下位の社会階層市民よりも低い。

中間層の民主主義に対する支持の低さに鑑み、中国共産党の率いる現在の非民主的政権に対する中間層の支持は、どの程度強いのだろうか。中間層の民主主義に対する姿勢と緊密に関連するこの重要な疑問に答えるべく、著者は、中国中間層の一党独裁国家支持を操作可能なものにするため、政権の根本的規範に対する拡散的支持と、現政権の主要政策に対する特定支持という政府支持の二元的概念を活用した。前述のとおり、この作業の成果は、中間層は、より下位の社会階層よりも、中国共産党率いる現在の非民主的政権の基本的規範や価値、制度を支持する傾向があり、現行の政治権威の政策に対してより好意的に反応することを示している。さらに、より重要なことに、中間層の一党独裁国家支持と民主主義や民主化支持の間には、強い負の相関関係が見られる。換言すれば、民主的システムに向けての政治変動は、間違いなく非民主的一党独裁国家の存続を危うくするので、一党独裁国家を支持する市民がこれを支持する可能性は低いということだ。

中間層は民主主義をなぜ支持するのか、なぜ支持しないのか

なぜ、民主主義を支持する中間層は支持し、支持しない中間層は支持しないのか。この民主化における中間層の役割ときわめて密接にかかわる非常に重大な疑問に答えるべく、著者は、中国の民主主義に対する中間層の姿勢に影響を与えていると考えられている一連の社会政治的要因を調べてみた。そのなかから、中間層の民主主義支持の低さは、以下の二つの変数と相関関係にあることが見えてきた。一つは、①中間層の国家との観念的、制度的結びつき（すなわち、一党独裁国家への拡散的支持と特定支持、さらなる政治改革が引き起こしかねない政治的不安定へのおそれ、ならびに一党独裁国家への雇用や出世を巡る依存）というカテゴリーと、②中間層市民の、現在の一党独裁制度下における自らの社会的、経済的地位に対する自己評価というカテゴリーの二つである。著者が見つけた成果から、主として、一党独裁国家との緊密で依存的な関係と、現政権下での自らの社会的、経済的地位に対する満足ゆえに、中国の新興中間層の大半は、民主主義と民主化を支持しないという結論が導き出された。換言すると、今日の中国における新興中間

層の民主主義や民主化に対する姿勢は、一党独裁国家に対する観念的、物質的結びつきと連関しているということだ。

加えて、第四章で展開した多変量解析の結果は、先に述べた二組の変数カテゴリーは、性別や教育程度、収入、党籍、居住地などの主要社会人口統計学的要素とは無関係に、中間層の民主主義に対する姿勢や志向性に大きな影響を及ぼしていることを示している。この発見は、二つの主要変数カテゴリーと民主主義に対する中間層の姿勢の間の相関関係は、主要な人口統計学的差異を超えた、堅牢なものであることを示唆している。

民主主義に対する姿勢は中間層の政治行動にどのような影響を与えているか

民主主義支持の姿勢が中間層の政治行動に与える影響を評価するため、著者は、中国都市部における二種類の政治行動に対する中間層市民の参加の度合いを調べてみた。すなわち、①地方人民代表大会や社区居民委員会（CRC）選挙への参加や、社区居民委員会候補者任命への関与、ならびに②共産党あるいは政府の役人、もしくは地方人民代表大会代議員と接触し、集団で、あるいは個別に陳情する行動の二種である。その結果、中間層市民の間では、選挙への参加のほうが接触・陳情よりもはるかに好まれる参加行動であることがわかった。一例をあげれば、中間層回答者の過半数（六割強）が、最近の地方人民代表大会選挙に投票していたことが判明した。もっともこうした選挙は中国共産党によってしっかりとコントロールされており、共産党の一党独裁政権を正統化するために利用された選挙に過ぎない。

今回の三都市調査から得られた結果は、民主的価値や制度を強く支持する市民は、地方人民代表大会選挙や社区居民委員会選挙に参加しない傾向がある一方、役人と個人的に接触したり、政府部局に陳情に行ったりなどの行動には参加する傾向があることを示している。こうした結果から、中国中間層市民の大多数は、民主主義を支持していないように思われるものの、そのなかでも民主主義を支持する少数派は地方選挙を無視し、むしろ、役人・政府と接触し、陳情するという直接的行動のほうを好むように思われる。さらに、こうした選挙は中国共産党によってしっかりとコントロールされており、共産党の一党独裁政権を正統化するために利用されているので、選挙への参加は民主主義に対する支持の欠如と、中国共産党の一党独裁政権への支持を示しているといってもおかしくない。

さらに著者は、国家部門で雇用されている市民のほうが、非国家部門で働く市民よりも、選挙への投票などの通常の政治活動に参加する可能性が高いことを見出した。他方、非国家部門で雇用されている市民の場合、国家部門で雇用されているグループに比べ、政府の役人に接触し、陳情するような非従来型（かつ権威に対して挑発的な）活動に関与する可能性が高い。こうした両者間の違いは、中間層は、雇用形態にかかわらず、個人の権利や私有財産の保護、さらには自らの社会政治的地位の維持など共通の利益を共有しているものの、それぞれの一党独裁国家との関係の緊密さに従い、こうした共通利益を違った方法で追求することを示唆している。こうした差異はまた、一党独裁国家と非国家部門に雇用されたグループの間の観念的、制度的結びつきが、国家部門で雇用されているグループに比べて弱いため、前者は自分たちの経済的、社会的、政治的目的を追求する際、政治参加のより非従来型で、より挑戦的な形態を選ぶ傾向があることも意味しているようだ。

要約すれば、実証的発見は、第一章で提示した著者の中心的仮説を裏書しているといえる。この中心的仮説とは、以下の三つである。まず第一に、国家主導のポスト毛改革の恩恵をさほど被っていない下位の社会階層に比べ、中国の新興中間層、ことに国家部門に雇用されている中間層市民は、現在の一党独裁国家を支持し、反対に民主的価値や制度を支持しない傾向が強いという仮説。次に、新興中間層の民主主義に対する姿勢は、大部分この社会階層の国家との観念的、制度的結びつきと、自らの社会経済的成功に対する自己認識で説明しきれるという仮説。最後に、中間層の間に民主主義に対する支持が欠けていることが、この階層に現在の国家を支持させ、民主的変動に反対させているという仮説。以上の三つである。三つ目の仮説に関しては、選挙というものは、さまざまなレベルで中国共産党がしっかりと締めつけ、現在の中国共産党政権の正統性を増すためにだけ利用されているにもかかわらず、中国中間層が、これに積極的に参加しているということが重要な指標となっている。

今回の研究から得られた実証的発見は、中国の新興中間層の形成と、同階層の民主主義ならびに中国共産党の現政権に対する姿勢や行動の志向性に関し、多重的な実像を提示している。この実像は、中国の民主化における中間層の役割と、その延長線上で、開発途上世界全体の民主化と中間層について、何を予言しているのだろうか。次節では、この重要な疑問をとり上げる。

3　政治的、理論的含意——条件次第で民主主義の支持者となり得る中間層

本研究から得られた実証的発見は、中国の民主化における中間層の役割という観点から見て、死活的に重要な政治的含意をもち、開発途上世界全般の民主化における中間層の役割についても重要な理論的含意をもつものである。双方とも、本書でこれまで展開してきた中心的議論の

延長線上にある。この中心的議論とは、現に発展途上国である中国では、中間層の民主主義や民主化に対する態度や行動の志向性は、たとえば中間層の誕生と成長における国家の役割や現政権との観念的、制度的結びつきなど、顕著な社会経済的、社会政治的条件に左右されるというものである。

中国の民主化に対する政治的含意

本研究の主要な政治的含意は、現段階でもまた近い将来においても、中国の中間層が民主化の触媒として働く可能性は低いというものである。これは、中間層の大半が民主主義の基本的価値や制度を支持していないからだけでなく、依然として現代中国人口の圧倒的多数を占めている下層階層に比べても、中間層全体の民主主義への志向性が低いからでもある。さらに、今回の調査で得られた発見は、中間層、ことに現在、中国中間層のなかで圧倒的多数派となっている国家部門に雇用されている中間層市民は、現行の中国共産党政権の側に立っていることを示している。これは、民主主義につながる政治変動は、中国共産党による支配を脅かす可能性が大なので、中国中間層の圧倒的多数はこうした変動には背を向けることを意味する。こういう結論に達したのは、新興中間層が、中国共産党政権の基本的規範や主要政策を非常に強く支持しているからだ。換言すれば、現行の一党独裁政権は、中間層、ことに国家に雇用されている中間層市民を基盤にして、依然として十分正統性を引き出すことができるということを意味する。

第二に、今回の研究成果は、中国の中間層は、現段階ではどうやら民主主義の先がけとして機能しそうにはないものの、この階層の民主主義や民主化に対する姿勢は将来変化する可能性をはらんでいることを示している。もしも鍵を握る社会政治的条件が、中間層の一党独裁国家との関係や依存、ならびに自分たちの社会的、経済的地位に対する自己認識を変えるような事態になれば、中間層の民主主義に対する姿勢や志向性にも重大な変化が起こり得る。本書全体を通じて示しているように、中国の中間層が現在「非民主的」なのは、主として中国の中間層が自らの生存と繁栄に関し、現在の独裁国家に強く依存しており、かつ自らの社会的、経済的地位に大なり小なり満足しているからである。しかしながら、本研究が確立したこの理屈をたどっていくと、この中間層の国家への強い依存が軽減されるか、自らの社会的、経済的地位に関する自己認識が否定的な方向に振れるか、もしくはその双方が起こった場合、この社会階層が民主主義や民主化に対して熱意をもつようになる可能性はあるということになる。こうした鍵を握る二つの変数(すなわち、中間層の一党独裁国家との結びつきと、自らの社会的、経済的地位に関する自己認識〉が変わることは、以下の径路のうち、どれを経てもあり得ることであり、そうなると中間層の民主主義に対する志向性も大きな影響を受けることになる。

中間層の国家に対する依存は、国民経済に占める民間部門の割合が拡大するにつれ、継続的に減っていく可能性がある。本研究から得られた成果によると、二〇〇七年時点で非国家部門で雇用されている都市部中間層は全体の約四割に過ぎなかった。しかしながら、今後、近代化がますます深化し、中国全土でこれまで以上に社会経済部門や地理的分野に及んでいくに従い、非国家部門で働く中間層のサイズも拡大していくであろう。民間部門が成長していけば、中間層全体の規模を拡大するのみならず、より条件の良い雇用条件やキャリア機会のある職場が民間部門で増えるに従って、国家部門周辺の中間層を民間のほうに引き寄せるという重大な事態が起こることも考えられる。前述のとおり、非国家部門の中間層市民のほうが国家部門の中間層よりも民主主義支持が強いので、非国家部門で働く中間層の規模が大きくなるに従い、中間層全体における民主主義支持の全般的レベルも、徐々に上がっていくに違いない。

加えて、中間層の自らの社会的、経済的地位に対する自己認識も、時間が経つにつれマイナスの方向に振れる可能性が十分にある。中国共産党政府が、たとえば資本家、ことにいわゆる「赤い資本家」などの上層階層と一体化することが増え、中間層の利益を顧みなくなるに従い、こうした現象は発現し得る。一党独裁国家と中国の資本家階層との一体化、あるいは、「権力と富の一体化」(Dickson 2008)の深さや度合いは、最近一〇年間で劇的に拡大してきている。ブルース・ディクソンが述べているように、この一体化の模様は、「距離を置いた、よそよそしい関係などではない」(Dickson 2008, p.238)ようで、実態は以下のようになる。

中国共産党のほうから、党の末端組織や政府支援のビジネス団体とともに、自ら民間部門と一体化していき、党や政府の役員を含む党員に民間部門の「海に飛び込め」と焚きつけ、成功した企業家を次から次へ入党させていった。こうした「赤い資本家」は、中国におけるクローニーキャピタリズムの中核をなす、富と権力の一体化を象徴している。(中略)「赤い資本家」たちは、国内最大級の企業を所有しており、中国の公的な政治機関に参加する可能性が高まっている。

実際のところ、一党独裁国家と資本家、ことに「赤い資本家」は、馴れ合い関係を強め、これを永続的な関係にしてきているが、これがますます中間層や下位の社会階層の利益に不利に働くようになってきている。政府はさまざまなレベルで経済発展促進の名のもと、資本家に都合のよい政策を実施するようになってきており、他方、資本家のほうは、お返しとしてこうした政策がもたらす金銭的、非金銭的配当の分け前をたっぷりと政府役人に提供してきている。その結果、「クローニーキャピタリズム」(Dickson 2008)と呼ばれるこの結託関係は、ますます多くの中間層市民に圧迫感を感じさせるようになってきている。たとえば、政府と不動産ディベロッパーが手を組んで、儲けを狙って住宅市場を独占、ないしは自分たちの思うがままに工作している事例があり、これが主要都市の住宅価格の急激な高騰を引き起こしてきている。その結果、中間層市民、なかでも若いホワイトカラー市民にとっては、自分たちの住宅を購入したり賃貸したりすることが、ますます難しくなってきている。

中間層全体の社会的、経済的地位、なかでも国家部門に勤める市民の地位が、より下位な社会階層のレベルにまで下がったわけでは断じてないものの、近年、若干の低下の兆しが見られるようにはなってきている。北京と上海の若年と中年の中間層市民に対する詳細聞き取り調査の成果をもとに、ウェン・マオは次のように述べている(Mao 2010)。

最近の数年間、都市部中間層のライフスタイルは、高騰する住宅コストや、同じく高騰を続ける日々の生活費、過重な仕事量、さらには失職の恐怖などにより、目に見えて危ういものになってきている。その結果、我々がインタビューした中間層市民のなかには、自分たちの実質的生活水準は、「下層階層」にまで堕ちてしまったと感じている者が幾人もいた始末だ。

エール大学経済学教授チーウー・チェンが示しているとおり、中国の上層階層は、不動産を含む多岐にわたる資産に巨額の投資を行うことで、インフレなどの経済的リスクをヘッジし、高騰する不動産から巨額の儲けを得ることができるようになっている。しかし、中間層の大半や下層階層は、収入も限られており、また資産投資も十分でないので、インフレや住宅価格の高騰の影響をしのげる状況にない (South Weekly 2010, 19)。

要するに前述のとおり、中間層の一党独裁国家との関係や、自らの社会的、経済的地位に関する自己認識は、中間層のなかの非国家部門グループの割合の拡大や、中間層、下層階層の利益をないがしろにした「権力と富の一体化」の増大のような、中国の基本的社会経済状況の変化が見られた場合、変わる可能性が十分にあるということだ。その結果、中間層の国家への依存が減じ、自らの社会的、経済的地位に関する自己認識が悲観的なものになれば、中間層はこれまで以上に民主主義に向けての政治変動に好意的になり、現行の中国共産党政権に背を向けるようになる可能性が高まる。

本研究で注目した以上の二つの鍵を握る要素（国家への依存と、社会的、経済的地位に関する自己認識）に加え、中間層の民主主義や民主化に対する姿勢や行動の志向性を形成するうえで重要な役割を果たす要素は、ほかにもあることは銘記すべきだ。具体的には、中間層の他の社会階層（たとえば上層階層や労働者階層）との政治的結託、あるいは他の社会階層に対するおそれ、中間層自身の階層意識、さらには他の社会階層と比較しての中間層自身の大きさそのものなどがあるが、リストはこれで終わりではない。中国以外の地域の中間層を扱った既存の研究、とくに本書と同じ「条件次第」アプローチを使った研究（たとえば、Koo 1991; Rueschemeyer et al. 1992; Brown and Jones 1995; Rodan 1993; Johnson 1985; Bell 1998; Jones 1998; Lam 1999; Torii 2003; Englehart 2003 など）、ならびに最近の中国のフィールド調査（たとえば、South Weekly 2010; Mao 2010）を見ると、中間層の政治的姿勢や行動は、他の要素のいくつかが変化すると、それに伴って変わる可能性があると予測することも可能だということがわかってくる。

最後に、もっと重要なことであるが、本研究の成果は、本研究実施時点では、中国の新興中間層が、総体としては、民主的に行動していなかったことを示唆しているとはいえ、中間層回答者の過半数（六割強）は中国共産党の強固な締めつけ下にあり、一党独裁を強化するよう意図的に設計されたものとはいえ、地方人民代表大会の選挙には参加する傾向があったことを示している。一方で、この結果は、地方人民代表大会選挙をはじめとする中国の公式政治制度は、中間層内の民主主義支持層に、自分たちの政治的選好を表現するための魅力的なチャンネルを提供していないことを示唆している。他方、現在はまだ少数派にとどまっている中間層内の民主主義支持層は、役人と接触し、個別ないしは集団的に陳情するなどの非従来型で、そのぶん、政権に対して挑戦的な政治的チャンネルのほうが、自分たちの見解や要求を伝えるためにはより有意義だと考えている。その結果、政治参加の公式チャンネルは現行の政治制度支持者を勧誘するものの、中間層からの民主化に向けての要求には水を差す傾向があるのに対し、非従来型のチャンネルのほうは中間層内の民主主義的傾向を助長すると結論づけることも可能である。

これまで述べてきた現代中国の中間層に関しての政治参加のパターンや論理を考え合わせると、一党独裁国家との関係や自らの社会的、経済的地位に関する自己認識に変化が見られた結果、中間層がより民主主義寄りになった場合、中間層が政府との個別接触や個別的、集団的陳情などの、非日常的で、政権から見れば挑戦的な政治活動に関与する頻度が高まるであろうということもできよう。こういう事態になれば、中間層のなかで、選挙を棄権する市民の数はますます増えてくるであろう。前述のとおり、二〇〇七年時点では、非従来型政治活動に参加する中間層市民はほんの少数派であったが、こうした活動に参加する都市部の中間層の数は増大傾向にあるように思われる。一例をあげると、主要中国都市で最近実施された実地研究（たとえば、Cai 2005; Read 2004; Tomba 2004 など）によれば、都市部在住の中間層市民、なかでも民間部門に働く中間層市民の相当数が、持家人組合を組織したり、自分たちの財産権を守るための抗議運動を組織したりなどの、非従来型行動をとるようになってきているという。さらに、非従来型活動への参加と民主主義支持の間に見出された正の相関関係により、中間層の非従来型チャンネルへの参加が増えることは、中間層が将来の中国における民主化の媒介としての役割を果たすことの予兆だと予言することもできる。

比較的見地から見た理論的含意

本研究で中国に関して得られた実証的発見は、「条件次第」アプローチを強く裏書しているものの、結局のところ、この理論的枠組みは、他の発展途上諸国（もしくは後発工業国）の民主化促進における中間層の役割に関して、どの程度当てはまるものなのかと思いを巡らしてみたくなる。本書全体を通じて示唆しているように、本研究の主たる発見は、中国の文脈に完全に独特のものではなく、むしろ他の発展途上諸国でも見られるものなのだ。そこで、「条件次第」

アプローチそのものも、他の発展途上国に当てはめることができるはずだと考えられる。この理論的適合性は、以下の二つのとくに重要な課題についての論議のなかで、より深く探っていくことができよう。

この二つのうちの一つは、国家が現代の発展途上諸国もしくは後発工業国における中間層の形成と成長において往々にして果たしてきている決定的役割に関するものだ。この役割をよりよく理解するためには、(ほとんどの場合、第二次世界大戦後に国家としての独立を獲得した)現代の発展途上諸国もしくは後発工業国を、先発工業化諸国とは違ったものにさせている二つの重要要素を検討する必要がある。そのうちの一つは、先に述べたとおり、発展途上諸国に特有な社会経済的課題に対処するためには、これら諸国の国家は、先発工業化諸国の国家が果たした役割よりもはるかに重大な役割を果たさなければならない。換言すれば、発展途上諸国の国家が強い役割を果たさなければならないのは、経済発展を果たすために、さらにはときとして国の存続そのものを保つために、国家による指導や資源が求められていることの結果である。つまり、発展途上国は、先発工業化諸国が経験したよりもはるかに厳しい国内的、国際的課題に直面せざるを得ず、これらと向き合うためには国の資源をプールし、適切な戦略を迅速かつ効果的に設計し、実行する強い国家が必要となるのだ(たとえば、Gerschenkron 1962; Packenham 1992; Kohli 2004

などを参照)。

とくに重要な課題のもう一つは、現代の発展途上諸国の多くの国家は、先発工業化諸国の国家がかつてそうであったよりも、はるかに強力で、しかも洗練されてきているという事情である。現代の発展途上諸国の国家と違い、先発工業化諸国をかつて治めていた衰退しつつある封建国家は、社会経済的転換のなかで決定的な役割を果たすにはあまりに弱すぎた(Dickson 2008, p.205)。こうした理由から、現代の発展途上諸国の国家は、急速な経済発展の過程のなか、新しい中間層を作り出し、これをかたち作るうえで圧倒的な役割を果たすための絶好の位置にいるといえる。

これも前述のとおり、現代の東アジア、東南アジア、南アジア、および中南米の発展途上諸国に実証的検討を加えた(ただし確率標本抽出調査に立脚したものではない)研究のいくつかは、中間層の台頭は、過去数十年にわたる国家主導の急速な経済発展の直接的成果であることを示し、国家が新しい中間層を創出し、かたち作るうえで死活的に重要な役割を果たしてきたことを強調している。たとえば、ブラジル、メキシコ、チリ、ウルグアイ、ペルーなどの中南米諸国の国家は、一九四〇年代から一九八〇年代にわたり、輸入代替型工業化(ISI)として知られる経済発展戦略を編み出し、これを実施するうえで死活的に重要な役割を果たしたとされる。この国家唱導の戦略は、世界経済危機を生き延び、第二次世界大戦終戦直後に急速に国民経済を築き上げるべく設計されたもので、外国からの輸入を国内生産で代替することを推進した。この過程は、公的部門でも民間部門においても、新しい中間層の誕生に大きく貢献し、その間、第一章でも論じたとおり、新興中間層とそれ以外の社会階層の間の政治的結託をかたち作っていった。

同様に、東アジア、東南アジア、南アジアの諸国においても、国家は経済転換、経済発展において決定的な役割を果たしてきている。これら諸国のうちのいくつかが最終的に採用した輸出主導型工業化（ELI）戦略は、輸入代替型工業化とは違うものの、同じく中間層の登場には必須の社会経済条件を生み出した。たとえば、東アジア、東南アジア社会の新興中間層の大部分は、「公務員、もしくは国家が後ろ盾になっている企業の従業員として雇用を国家に依存」している（Brown and Jones 1995, p.92）。インドでは、「国家が管理する経済計画と経済発展」（Fernandes 2006, p.20）が、主として国家教育政策と国家による雇用を通じて、独立後のインドに新しい中間層を作り出した。したがって、フェルナンデスの同書によれば、インドの中間層は「国家への強い、継続的な依存によってかたち作られて」（Fernandes 2006, p.20）きたことになる。

要約すると、こうした国家による経済への積極介入は、東アジア、東南アジア、南アジアならびに中南米社会における中間層の形成を促したが、その直接的結果として、こうした中間層の国家の庇護に対する重度の依存を生み出した（Rueschemeyer et al. 1992; Brown and Jones 1995; Bell 1998; Jones 1998; Torii 2003; Fernandes 2006）。そこで、本書でも述べてきたように、民主主義を推進するうえでの中間層の役割は、条件次第ということになる。

本研究から得られた成果の理論的含意にかかわる二番目の重要要素は、中間層内部の多様性、とくに中間層市民の国家との関係に沿った多様性に関するものである。「条件次第」アプローチが示唆しているように、発展目標を達成するために、発展途上諸国や後発工業国の国家のなかには、国の経済の公的部門と民間部門の双方を拡大させ、これを導くべく努力を惜しまないものが多い。この現象は、前述のとおり、中国でも、また東アジア、東南アジア、南アジア、中南米の他の発展途上諸国でも見られてきている。

その結果、こうした諸国の中間層は、国家部門グループと非国家部門グループの二つに大別されるようになるのが典型的な流れである。一方で、両グループともに発展途上諸国では強力な国家により生み出され、かたち作られたものであり、本書でも紹介しているとおり、中間層そのものは他の社会階層、とくに下層階層とは画然としたものとなっている。しかしながら、他方では、中間層内のこの二つのグループは、それぞれの国家との関係の違いにより、政治的見解や行動を異にする可能性が高い。したがって、ウルフ・ザントハウゼンが主張するように、開発途上地域の中間層がもつ政治的志向性に対する探索は、「さまざまなタイプの中間層の腑分けから始め」なければならない（Sundhaussen 1991 p.112-113）。ザントハウゼンは、さらに、「往々にして国家により雇用されていることの多い有給の専門職は、雇用主に対する依存が過剰であるのが普通であり、とくに国家が世襲によって組織されている場合には、とりわけこの傾向が強い。（中略）第三世界諸国のなかでは、知識人、学者・研究者、弁護士およびジャーナリストだけが民主主義の大義の擁護者となり得ることを期待できる」としている（Sundhaussen 1991, p.113）。

東アジア、東南アジア、南アジア、および中南米地域の発展途上諸国における実証研究（ただし確率標本抽出調査を基本にしたものではない）のなかには、新興の中間層のなかに似たような差異を見つけ出したものがある。たとえば、マレーシア、シンガポール、フィリピン、タイならびに韓国では、中間層の多くが国家官僚機構に雇用され、政府当局との強い結びつきを享受した経験がある。これら諸国のこのタイプの中間層は、自らが国家政策の主たる受益者であり、また、独裁的政権の継続と安定に既得権を有していた（Bell 1998）ので、独裁的政府の強化を支持するのが普通であった（Brown and Jones 1995; Bell 1998; Jones 1998; Englehart 2003; Shin 1999）。こうした諸国においても、主として専門職や経営幹部からなる非国家部門の中間層の一部は、国家部門で働く中間層よりも進歩的で、民主主義を主張する可能性が高いが、それでも下層階層よりは自己主張が弱い。今日のインドでは、国家部門に雇用されたことのある中間層市民は、「雇用というかたちで、特別な経済的恩恵を享受するとともに、特定な形態の政治的資本の恩恵にも被って」きている(Fernandes 2006, p.23)。国家との強い結びつきと国家への強い依存を特徴とするこの中間層グループは、政府の政策を支持する傾向が強い。しかし、非国家部門と結びついている中間層グループの場合は、「国家に不満を感じ」、職の安定や就業機会などの経済的恩恵や、より大きな政治的権力を求めて、「国家に要求している」ように思える(Fernandes 2006, p.25)。この非国家部門で働く中間層グループには、国家部門の中間層グループとは違った見解を政府の政策に対してもつ傾向があるが、それでも中間層としての見方であり、下層階層や上層階層の見方とは一線を画している。

結局のところ、本研究の実証的発見のもつ政治的、理論的含意に関する議論は、本書で展開してきた中心的議論の延長線上にあるといえる。すなわち、発展途上諸国ないしは後発工業国における中間層の、民主化に向けての姿勢や行動の志向性は、この階層の現政権との関係と、社会的、経済的成功に関する自己認識という条件次第だということになる。要するに、こうした諸国の中間層は、不可避的に民主主義や民主化を支持するわけではないということだ。

最後に締めの言葉として、発展途上諸国ないしは後発工業国における民主化に果たす中間層の役割に対する理解は、決して自明なものではないといいたい。しかし、こうした諸国で中間層の規模や影響力が絶えず拡大していくなか、民主化の展望を真剣に探索するためには、中間層の役割をしっかりと押さえておかなければならない。

註

第1章

★1　本書では、中国の中間層を、「私営企業家」(または「資本家」ないしは「ブルジョワ」)、ことに中規模から大規模の会社を所有する企業家と区別している。本研究で使用している「中間層」の定義と特定化に関しては、主として社会学の分野の階級研究の理論的枠組みに則っている(たとえば、Erikson and Goldthorpe 1992; Glassman 1995, 1997; Wright 1997 など)。中国の私営企業家(本書の規定する「中間層」ではなく)に関するもっとも新しい研究としては、たとえばディクソン(Dickson 2003, 2008)、ツァイによる著作(Tsai 2002, 2007)、チェンとディクソンによる共著(Chen and Dickson 2008, 2010)に詳しいが、これらは少なくとも部分的には、バリントン・ムーアが頻繁に引用するフレーズ「ブルジョワのないところ、民主主義は育たない」(Moore 1966, p.418)に触発され、これに影響を受けている。本研究で中間層を資本家/ブルジョワと区別した理由は、第二章で詳しく説明する。

★2　たとえば、ケヴィン・オブライエンとレイチェル・スターンが、中国の中間層の政治的姿勢と行動について、より系統立った集中的研究が求められると論じている(O'Brien and Stern 2008)。

★3　「単線的」という表現は、服部民夫、船津鶴代のアジアの中間層に関する研究より借用(Hattori and Funatsu 2003)。

★4　ムーアの著作で使われる「ブルジョワ」階級は、本研究でいう「中間層」とは異なっているものの、ムーアのブルジョワ階級の果たす役割についての論は、中間層に関する他の研究では繰り返し引用されている。

★5 開発途上地域の中間層に関する研究のなかで、例外的に単線的アプローチを完全にか、少なくとも部分的に支持しているものは、ほんの少数に過ぎない（たとえば、Glassman 1991; Hsiao and Koo 1997; So and Kwitko 1990 などを参照）。

★6 中国共産党以外にも、中国には正式登録されている政党がいくつかある。しかし、それらはすべて共産党の強い支配下にあり、共産党の衛星政党だとみなされている。

★7 批判の例については、ミッチェルの著作（Mitchell 1991）やミグダルの著作（Migdal 2001）を参照のこと。

★8 これを適用した最近の例としては、ウエイド（Wade 1990）、ウ＝カミングス（Woo-Comings 1999）、オイ（Oi 1999）、ペンペル（Pempel 1999）、ベリン（Bellin 2000）、コーリ（Kohli 2004）、チッバー（Chibber 2003）、チョウ（Zhou 2004）などによる、発展途上諸国の社会経済発展における国家の役割に関する洞察に富んだ研究がある。

★9 近代化理論の中核に関しては、ロストウの著作（Rostow 1991）を参照のこと。近代化に関する文献の包括的レビューとしては、ハンティントンの著作（Huntington 1971）、ならびにプシェヴォルスキとリモンジの共著（Przeworski and Limongi 1997）などがある。

★10 パケナムによると（Packenham 1992, p.16-17）、この「独特な国際経済状況」には、システマチックに後発国の利益に反する方向に動く傾向のある交易条件や、先発工業化諸国が経験したものよりも厳しい国際競争などが含まれる。

★11 にもかかわらず、こうした研究のなかには、中間層の民主主義に対する姿勢に関し、より堅固で決定的な所見を提供できる、中間層市民の代表標本に基づいたものはほとんどない。

★12 北京、成都、西安において、人民代表大会の新代表を決める選挙は、二〇〇六年の九月から一二月にかけて実施された（http://news.xinhuanet.com/politics/2006-11/08/content_5306507.htm 参照）。

★13 標本に選ばれた「通り（街道）」役所の担当者との合意により、選択された街道は公表されない。

★14 こうした二種の調査結果の違いについての議論に関しては、たとえば、マニオンによる研究（Manion 1994）を参照のこと。

★15 現代中国研究の単一地域標本と、多地域標本から得られた変数の間の関係を一般化できる可能性については、マニオン（Manion 1994）、ウォルダー（Walder 1989）などが詳しい。

★16 たとえば、四カ国で実施された調査結果をもとに、マニオン（Manion 1996）とジェニングス（Jennings 1997, 1998）が、中国農村部における選挙による結びつきと政治参加の関連要因のパターンを明確化している。七都市における調査を基盤に、タンは、都市住民のさまざまな社会政治問題に対する見解といろいろと異なる社会人口統計学的要素の間の相関関係を、説得力ある形で明確化している（Tang 2005）。

第2章

★1 ネオマルキスト研究者であるエリック・オリン・ライトの著作のなかで（Wright 1997）、社会階層概念を操作可能にすべく、生産手段、権威構造における地位、熟練技能や専門性の習得という三つの下位次元を使用している。

★2 中国の官僚制には、「部」（省に相当）、「局」、「処」（部に相当）、「科」（課に相当）の四つのランクがある。具体的にいうと、国家問題、社会問題担当の行政職とは、中央省庁ないしは省政府の「処」以上のランク、または省内地方政府の「科」以上のランクを示す。

★3 労働者の大半は、さしたる教育も受けておらず、国家・社会問題担当行政人員、経営幹部、私営企業家、専門職、公務員、自営業者などの社会構成員に比べて、低い経済的地位に甘んじている。そこで、この階層のプロレタリア化が日増しに進んでいる。この件に関しては、ホワイト(Whyte 1999)、ウエストン(Weston 2000)、リー(Lee 2000)の著作を参照のこと。

★4 一九五〇年代以降、中国政府は、国内の農村部と都市部を区別するため、戸籍制度を設計してきている。戸籍制度は、一九五五年に「行政的統制を強化するための手続きの一貫として」採用され、農村部を都市部と切り離し、農村部から都市部への人口移住を制限してきている。都市部の市民は、教育や住宅、保健医療へのアクセスなど、一定の特権を享受している。農村部の農民が都市部住民になれる可能性はほとんどない。この件に関しては、ウーとトレイマンの共著を参照のこと(Wu and Treiman 2004)。

★5 欧米社会における中間層を特定するために、この職業ベースの定性派分派がどう使われているかについてはエリクソンとゴールドソープの共著(Erikson and Goldthorpe 1992)、グラスマン(Glassman 1995)、ライト(Wright 1997)の著作を、アジア太平洋地域社会に関しては服部、船津、鳥居の共著(Hattori, Funatsu, and Torii 2003)ならびにシャオとソーの共著(Hsiao and So 1999)を、中国に関してはシュエイー・ルーとその共同研究チームの共著(Xueyi Lu et al. 2002, 2004)、ならびにチャンの著作(Zhang 2005)を参照のこと。

★6 本研究で得た中間層の数字は、シュエイー・ルーとその共同研究チームが得た結果(一一%)よりもはるかに高い。この違いの理由として重要だと思われるものの一つは、本研究は農村部よりも中間層人口が多い主要三都市(北京、成都、西安)で行った調査に基づいているという点だ。ルーの研究チームの研究は、農村部、都市部の双方を含む全国調査をベースにしている。

★7 ヴィクター・ニーの著作によると、「「市場パワー」論は、財の配分と流通の再分配メカニズムに市場が取ってかわっていくに従い、再分配部門（すなわち国家部門）から市場へと力の源泉の変化が見られると論じている」(Victor Nee 1989)。

★8 ここでは中間層を、（本章前半で論じた）客観的アプローチの定性派分派をもとに定義している。具体的には、中国都市部の経営幹部、専門職ならびにホワイトカラー労働者などがその中心的存在となっている。

★9 シュエイー・ルーとその共同研究チームによる推計をもとに（Xueyi Lu et al. 2004）、一九四九年時の中国社会における中間層の割合を計算してみた。経営幹部、事務労働者ならびに専門職を中間層として一つのグループにまとめれば、中間層は当時の中国の全人口の三％を占めるに過ぎなかったことになる。

★10 一九四九年時の中国社会における中間層の割合を計算してみた。経営幹部、公務員、専門職、自営業者を一まとめにすると、中間層は総人口の約七％を占めていたことになる。この小さくとも徐々に成長を続ける中間層は、国民党政権下、若干の経済的、政治的自立を勝ち取り、欧米社会の中間層と同様に、ライフスタイルや職業の自由に関し、一定程度の自決権を手にしていた。

★11 中華人民共和国憲法は、国策変更に伴いこれまで四度改訂されている。一九五四年憲法は、一九五四年九月二〇日に全国人民代表大会により公布されたが、文化大革命の最中、一九七五年憲法にとって代わられた。この一九七五年憲法も、一九七八年に一九七八年憲法によって置き換えられた。一九七五年憲法も一九七八年憲法も、双方とも文化大革命の影響を反映している。現在の憲法は、一九八二年一二月四日に全国人民代表大会によって公布された一九八二年憲法であり、中国近代化の永続的制度基盤を構築したいという鄧小平の決意を反映して、これまでの階級闘争強調を改め、経済発展を最優先課題としている。

★12 公式の定義によると、労働単位とは「①運営上、独立の組織であること、②財政的には独立の予算をもち、独自の損得勘定の財務諸表を作成する組織であること、③財務的には、銀行に独自の口座をもち、政府や企業体と契約関係に入ることのできる法的権利を有する組織であること、という三つの特徴をもつ独立会計単位」のことを指す(Wu 2002 p.1073)。

★13 個人経営事業は、家族以外の従業員を八名以上雇用することが許されていない。

★14 私営企業とは、八名以上の家族以外の従業員を雇用しているものをいう。

★15 「私営企業暫定条例」によると、私営企業とは個人によって所有され、八名以上の従業員を雇用する利潤追求経済組織のことを指す(International Finance Corporation 2000)。

★16 中国の官僚制には、「部」(省に相当)、「局」、「処」(部に相当)、「科」(課に相当)の四つのランクがある。具体的にいうと、国家問題、社会問題担当の行政職とは、中央省庁ないしは省政府の「処」以上のランク、または省内地方政府の「科」以上のランクを示す。

★17 私営企業とは、八名以上の家族以外の従業員を雇用しているものをいう。

★18 ヴィクター・ニーの著作(Victor Nee 1991)より引用。「門戸が閉ざされている」ものとは、ここではアクセスが共産党による審査の対象となる地位を指す。これは、だれもが競争して勝ち得る地位ではない。

★19 古典的な「コーポラティズム」(Schmitter 1974 参照)は、政府と、政府の政策決定に影響を与えたいと願う社会集団の間に形成される共同制度・組織の役割を重視するのに対して、独裁国家の研究の文脈で使われる「国家コーポラティズム」のほうは、国家が政治過程に対する大衆参加を規制し、市民社会の力を制限するためのツールとして公式に承認されている組織を使用する過程のことを指すのが一般的である。中国における「国家コーポラティズム」の詳細については、たとえばアンガーとチャンの共著

(Unger and Chan 1995)や、オイの著作(Oi 1999)を参照のこと。

★20 本研究で実施した三都市調査では、各種のコーポラティズム的組織に対する中間層の参加の度合いを評価するための質問を調査対象に投げかけた。質問は以下のとおりである。「ここで、コーポラティズム的組織のリストを読み上げます。それぞれの組織につき、その種の組織のメンバーであるかどうかを答えてください。①政府主導の労働組合、②国家主導の宗教・協会組織、③国家主導の職能協会(中国語では「行業協会」)、④国家主導の市民権擁護協会、⑤国家主導の社会福祉団体、⑥政府主宰の専門家協会、⑦政府主宰の学術団体、⑧女性組合連合、⑨政府主宰のスポーツ・リクリエーション団体」。

第3章

★1 確率標本抽出調査では、特定人口の各構成員に、標本抽出手続きが定める選択権を平等に有していることが求められる。確率標本の定義の詳細については、たとえばフロイド・ファウラーの著作(Floyd Fowler 1988)などを参照のこと。

★2 本研究では、残りの標本(中規模、大規模企業の私営企業家と、標本のわずか二・五%を占めるだけの政府高官を除く)をすべてプールし、非中間層カテゴリーを作ってみた。このカテゴリーは全標本の七三%を占めるが、国営、集団、私営企業のブルーカラー工場労働者(熟練、未熟練の双方を含む)、あらゆるタイプのサービス産業部門のブルーカラー従業員、小資本の自営業者(中国語では「個体戸」)、無職・準無職者、退職者、ならびに大学生から構成される。本研究では、このカテゴリーの市民と、中間層市民の民主主義支持を比較検討した。

★3 同様の質問は、中国で実施された東アジア・バロメーター調査(EAB)でも使用された。EAB調査から得られた結果は本研究で得られた結果と同一であった。EAB調査については、ネイサンによる著作を参照のこと(Nathan 2007)。

★4 全体量が七三九のとき、抽出された第一因子の固有値は二・六六、第二因子の固定値は〇・九五であった。

★5 たとえばギブソンらは、旧ソ連の研究から同様の結果を引き出した(Gibson et al. 1992, p.352)。すなわち、「モスクワ在住の回答者のほぼすべてが、数多くの権利、ことに民主的参加と緊密に結びついた権利を主張した」というのだ。その結果、ギブソンらは、権利意識は民主的価値の因子に対して、弱い付加値をもっているに過ぎないと結論づけた。

★6 この結果は、表3・5に示した二変量解析(比較平均値)によっても裏書される。

★7 西安市財務局の監査課長とのインタビュー(二〇〇八年三月二五日実施)。

★8 政権正統性、ないしは拡散的支持に対する操作可能な尺度は、複数の政府支持に関する国家横断的研究や単一国研究ですでに使用されている(たとえば、Muller 1977; Muller and Williams 1980; Finkel, Muller, Jukam, and Seligson 1989; Seligson and Muller 1987; Muller, Seligson and Fu 1989 などを参照)。

★9 これら一くくりの項目の中間相関関係の平均値は〇・四五であり、これら項目間の信頼性係数は〇・八三である。

第4章

★1 ガーシェンクロンの著作によると(Gerschenkron 1962)、「後発国」とは、世界的な発展の潮流がすでにフルモーションに達している最中にこれに参加した諸国を指す。そこで、中国のような発展途上国や新興工業化諸国は、経済発展が欧米ではすでにフルモーションに入っているか、もしくはすでに成熟期を迎えた時期に経済発展のプロセスを開始したので、後発国だとみなすことができる。

★2 中国の私営企業家（ないしは資本家）を誕生させ、かたち作るうえで、また私営企業家の民主主義に対する姿勢を作り出すうえで、国家が果たした役割についての詳細な議論に関しては、たとえばピアソン（Pearson 1997）、ディクソン（Dickson 2003）、ツァイ（Tsai 2005, 2006）による著作、さらにはチェンとディクソン（Chen and Dickson 2010）の共著などを参照のこと。

★3 国家機構によって雇用されている市民全般に関しても、政府や共産党の行政機関による雇用と、国有企業・産業による雇用が、どのように民主主義支持に関して違いを生み出すかを見極めることも重要だ。残念ながら今回の研究では、（少なくとも直接的に）この違いを明確にできるような質問は含まれていなかった。

★4 成都市の法律事務所オーナーとのインタビュー（二〇〇八年四月二二日実施）。

★5 双方の階層の回答に含まれていたこの二つの項目に関して因子分析を実施したところ、支配的因子が一つだけ浮かび上がり、この因子で最初の分散の六五％までは説明がつくことが判明した。因子スコアは、以下に展開する多変量解析のなかで、社会的、経済的地位に対する満足度の集合的指標として利用する。

★6 北京市の国有企業の中間管理職とのインタビュー（二〇〇八年三月一九日実施）。

★7 北京市の外資系企業の財務アナリストとのインタビュー（二〇〇八年三月一三日実施）。

★8 最小二乗法（OLS）を使った重回帰モデルは、この種の部門横断的調査のデータを分析する際によく使われる。しかしながらOLSモデルには、データの異分散が著しい場合、相関関係分散や標準誤差を過小評価する可能性があるという欠陥がある。したがってこの問題に対処すべく、異分散を見抜くためのホワイトテストを実施した。このテストの結果、今回のデータセットには深刻な異分散はないことがわかった。結果として、OLSモデルは今回入手したデータを分析するに適したツールであることが判明した。

★9 拡散的支持と、中間層に所属することの間の相互作用の係数は負の関係にあり、しかも統計学的に有意である。非標準化係数で計測した中間層内の拡散的支持の総効果は、−1.1であった。これは、中間層との相互関係を含まない拡散的支持の係数−0.923と、中間層との相互関係を含む拡散的支持の係数−0.177の和である。

★10 国家部門での雇用と、中間層所属の間の相互作用係数は、負の関係にあり、しかも統計学的に有意である。国家部門での雇用の、中間層内の民主主義支持に対する総効果は、非標準化係数で測ると−1.752であった。これは、中間層との相互関係を含まない国家部門による雇用の係数−1.232と、中間層との相互関係を含む国家部門による雇用の係数−0.520の和である。

★11 自分の社会的、経済的地位に対する満足度と、中間層所属の間の相互作用係数は負の関係にあり、しかも統計学的に有意である。社会的、経済的地位に対する満足度の、中間層内の民主主義支持に対する総効果は、非標準化係数で測ると、−1.23であった。これは、中間層との相互関係を含まない満足度の係数−0.452と、中間層との相互関係を含む満足度の係数−0.778の和である。

第5章

★1 予備的因子分析とは、ここでは、七つの政治参加項目をすべて集積したものの構造を明確化するために使用した統計学的手法のことである。

★2 一九八二年の中華人民共和国憲法第九七条は、「県、都市全体、市内各区、郷、民族郷、ならびに鎮の人民代表大会代表は、選挙民の直接投票で選出される」としている（一九八二年全国人民代表大会を参照のこと）。

★3 この手続き過程では、選挙民による討議から上がってきた第一次候補者リストを地方の選挙委員会に上程（アップ）し、同委員会における検討のうえ選挙民に返される（ダウン）。さらなる選挙民による検討のうえ再び選挙委員会に提出される。この過程を三度繰り返すのが「三回アップ、三回ダウン」プロセスと呼ばれる（McCormick 1996, p.40）。

★4 四項基本原則は、①中国共産党の指導を支持する、②社会主義を堅持する、③マルクス・レーニン・毛沢東思想を堅持する、および④プロレタリア独裁を維持する、の四つで構成される（Wang 1997, p.57参照）。

★5 たとえば、一九八〇年に北京大学と湖南師範大学の卒業直前の学生が、地方人民代表大会選挙における「公開」選挙キャンペーンについて、急進的なアイデアを唱導したことがある（Nathan 1985, p.193-223; McCormick 1996, p.40-41 参照）。

★6 一九八二年中華人民共和国憲法の一般原則第一章参照（National People's Congress 1982）。

★7 ここでいう「精神的収穫」とは、投票ないしは棄権を通じて自らの価値を表明することに対する満足感のことを指す。

★8 中国全国人民代表大会が「中華人民共和国物権法」（財産法に相当）を制定したのは、二〇〇五年七月のことである。本法律によれば、持家人には居住地近隣で持家人組合を組織することが許されており、通常の持家人には持家人組合を組織する権利が付与されている。しかしながら実際には、通常の持家人による持家人組合の組織には、地方政府がさまざまな制約を課している。その結果、多くの土地では持家人組合が事実上存在せず、存在する土地においても、組合の自治権は土地の地方政府によって厳しく制限されているのが実情である。

★9　本章本節の目的は、中間層のもつ民主的価値が彼らの政治行動に与える影響を検討することであるので、この重回帰モデルは中間層カテゴリー内で実施した。

第6章

★1　この考え方は、服部、船津、鳥居の共著に上手くまとめられている (Hattori, Funatsu, and Torii 2003)。

叢書「世界認識の最前線」

中国の中間層と民主主義
経済成長と民主化の行方

2015年2月4日　初版第1刷発行

著　者　　ジー・チェン

訳　者　　野田牧人

発行者　　長谷部敏治

発行所　　NTT出版株式会社
〒141-8654　東京都品川区上大崎3-1-1　JR東急目黒ビル
TEL　03-5434-1010（営業担当）／03-5434-1001（編集担当）
FAX　03-5434-1008　http://www.nttpub.co.jp/

編集協力　ソレカラ社

装　丁　米谷 豪

印刷製本　シナノ印刷株式会社

ISBN 978-4-7571-4336-4 C0030

著者紹介

ジー・チェン (Jie Chen)

政治学博士。オールド・ドミニオン大学で政治学および地理学の教授を務めたのち、現在、アイダホ大学大学院学長。*Popular Political Support in Urban China* (Stanford University Press, 2004) など、中国の政治や米国の外交政策に関する6冊の著書がある。

訳者紹介

野田牧人 (のだ・まきと)

翻訳家。1979年上智大学国際関係大学院修士課程修了 (国際関係論修士)。1984年ジョンズ・ホプキンス大学ポール・ニッツェ高等国際問題大学院修士課程修了 (国際経済学・近代化論研究修士)。現在、外交、歴史、政治経済など、主として社会科学分野の英訳・和訳に従事する。訳書に、ローゼンバウム『キュレーション』(プレジデント社、2011年)、ドッズ『地政学とは何か』(NTT出版、2012年) などがある。

索引

●事項

■ア行

■カ行

■タ行

■ナ行

■ハ行

■マ行

■ヤ行

■ラ行

●人名

参考文献

Acemoglu, Daron, and James A. Robinson. 2000. "Why Did the West Extend the Franchise? Democracy, Inequality and Growth in Historical Perspective." *Quarterly Journal of Economics* 115 (4): 1167–1199.

Alford, Robert R. 1962. "A Suggested Index of the Association of Social Class and Voting." *Public Opinion Quarterly* 26: 417–425.

Almond, Gabriel, and Sidney Verba. 1963. *The Civic Culture: Political Attitudes and Democracy in Five Nations*. Princeton, NJ: Princeton University Press.〔ガブリエル・アーモンド／シドニー・ヴァーバ、『現代市民の政治文化――五カ国における政治的態度と民主主義』石川一雄・薄井秀二・中野実・岡沢憲芙・深谷満雄・木村修三・山崎隆志・神野勝弘・片岡寛光訳、勁草書房、1974年〕

Amsden, Alice H. 1985. "The State and Taiwan's Economic Development." In *Bringing the State Back In*, ed. Peter Evans, Dietrich Rueschemeyer, and Theda Skocpol, 78–106. New York: Cambridge University Press.

Amsden, Alice H. 1989. *Asia's Next Giant: South Korea and Late Industrialization*. New York: Oxford University Press.

Archive Research Office of the Central Committee of the Chinese Communist Party. 1994. *Deng xiaoping jianshe you zhongguo tesi de shehuizhuyi lunshu zhuanti zhaibian* (Special Digest of Deng Xiaoping's Works on Building Socialism with the Chinese Characteristics). Beijing: Central Archive Press.

Bahry, Donna, and Brian D. Silver. 1990. "Soviet Citizen Participation on the Eve of Democratization." *American Political Science Review* 48(September): 820–847.

Baum, Richard. 1994. *Burying Mao: Chinese Politics in the Age of Deng Xiaoping*. Princeton, NJ: Princeton University Press.

Baviskar, Amita, and Raka Ray, ed. 2011. *Elite and Everyman: The Cultural Politics of the Indian Middle Classes*. New York: Routledge.

Bell, Daniel A. 1998. "After the Tsunami: Will Economic Crisis Bring Democracy to Asia." *New Republic* 218 (10) (March 9, 1998): 22–25.

Bellin, Eva. 2000. "Contingent Democrats: Industrialists, Labor, and Democratization in Late-Developing Countries." *World Politics* 52 (2): 175–205.

Bellin, Eva. 2002. *Stalled Democracy: Capital, Labor and the Paradox of State-Sponsored Development*. Ithaca, NY: Cornell University Press.

Bertrand, Jachues. 1998. "Growth and Democracy in Southeast Asia." *Comparative Politics* 30 (3): 355–375.

Bian, Yanjie. 2002. "Chinese Social Stratification and Social Mobility." *Annual Review of Sociology* 28: 91–116.

Bian, Yanjie, and John R. Logan. 1996. "Market Transition and the Persistence of Power: The Changing Stratification System in Urban China." *American Sociological Review* 61 (5): 739–

758.

Brown, David, and David Martin Jones. 1995. "Democratization and the Myth of the Liberalizing Middle Classes." In *Towards Illiberal Democracy in Pacific Asia*, ed. Daniel A. Bell et al., 78–106. Basingstoke, Hampshire: Macmillan.

Bunce, Valerie, Michael McFaul, and Kathryn Stoner-Weiss. 2010. "Waves and Troughs of Democracy and Dictatorship." In *Democracy and Authoritarianism in the Postcommunist World*, ed. Valerie Bunce, Michael McFaul, and Kathryn Stoner-Weiss, vii–xi. New York: Cambridge University Press.

Burns, John P. 1999. "The People's Republic of China at 50: National Political Reform." *The China Quarterly* 159 (September): 580–594.

Burris, Val. 1986. "The Discovery of the New Middle Class. " *Theory and Society* 15 (3): 317–349.

Cai, Yongshun. 2005. "China's Moderate Middle Class: The Case of Homeowners' Resistance." *Asian Survey* 45 (5): 777–799.

Campbell, Angus, Philip E. Converse, Warren E. Miller, and Donald E. Stokes. 1960. *The American Voter*. New York: John Wiley and Sons.

Cao, Yang. 2001. "Careers Inside Organizations: A Comparative Study of Promotion Determination in Reforming China." *Social Forces* 80 (2): 683–712.

Centers, Richard. 1949. *The Psychology of Social Classes*. Princeton, NJ: Princeton University Press.

Chen, An. 2002. "Capitalist Development, Entrepreneurial Class, and Democratization in China." *Political Science Quarterly* 117 (3): 401–422.

Chen, Feng. 1995. *Economic Transition and Political Legitimacy in Post-Mao China: Ideology and Reform*. Albany, NY: SUNY Press.

Chen, Jie. 2000. "Subjective Motivations for Mass Political Participation in Urban China." *Social Science Quarterly* 81: 645–662.

Chen, Jie. 2004. *Popular Political Support in Urban China*. Stanford, CA: Stanford University Press.

Chen, Jie. 2010. "Attitudes Toward Democracy and the Political Behavior of China's Middle Class." In *China's Emerging Middle Class*, ed. Cheng Li, 334–358. Washington, DC: Brookings Institution Press.

Chen, Jie, and Bruce Dickson. 2008. "Allies of the State: Democratic Support and Regime Support among China's Private Entrepreneurs." *China Quarterly* 196: 780–804.

Chen, Jie, and Bruce Dickson. 2010. *Allies of the State: Private Entrepreneurs and Democratic Change in China*. New Haven, CT: Yale University Press.

Chen, Jie, and Chunlong Lu. 2011. "Democratization and the Middle Class in China: The Middle Class's Attitudes Toward Democracy." *Political Research Quarterly* 64 (3): 705–719.

Chen, Jie, and Yang Zhong. 1998. "Defi ning the Political System of Post-Deng China: Emerging Public Support for a Democratic Political System." *Problems of Post-Communism* 45 (1): 30–42.

Chen, Jie, and Yang Zhong. 2000. "Valuation of Individual Liberty vs. Social Order Among Democratic Supporters: A Cross-Validation." *Political Research Quarterly* 53: 427–439.

Chen, Jie, and Yang Zhong. 2002. "Why Do People Vote in Semicompetitive Elections in China? A Reassessment of Voters' Subjective Motivations in Local People's Congress Elections." *Journal of Politics* 64: 178–197.

Chibber, Vivek. 2003. *Locked in Place: State Building and Late Industrialization in India*. Princeton, NJ: Princeton University Press.

Chiu, Rebecca L. H. 2001. "Commodification of Housing with Chinese Characteristics." *Policy Studies Review* 18 (1): 75–95.

Dahl, Robert A. 1971. *Polyarchy: Participation and Opposition*. New Haven, CT: Yale University Press.〔ロバート・ダール『ポリアーキー』高畠通敏訳、三一書房、1981年〕

Davis, Deborah S. 1992a. "Job Mobility in Post-Mao Cities: Increases on the Margins." *China Quarterly* 84: 1062–1085.

Davis, Deborah S. 1992b. "Skidding: Downward Mobility Among Children of the Maoist Middle Class." *Modern China* 18 (4): 410–437.

Davis, Deborah S. 1999. "Self-Employment in Shanghai: A Research Note." *China Quarterly* 157: 22–43.

Davis, Deborah S. 2000. "Social Class Transformation in Urban China: Training, Hiring, and Promoting Urban Professionals and Managers After 1949." *Modern China* 26 (3): 251–275.

Davis, Diane E. 2004. *Discipline and Development: Middle Classes and Prosperity in East Asia and Latin America*. New York: Cambridge University Press.

Derleth, James, and Daniel R. Koldyk. 2004. "The Shequ Experiment: Grassroots Political Reform in Urban China." *Journal of Contemporary China* 13 (41): 747–777.

Dickson, Bruce. 2003. *Red Capitalist in China: The Party, Private Entrepreneurs, and Prospects for Political Change*. New York: Cambridge University Press.

Dickson, Bruce. 2008. *Wealth into Power: The Communist Party's Embrace of China's Private Sector*. New York: Cambridge University Press.

Dittmer, Lowell, and Lance Gore. 2001. "China Builds a Market Culture." *East Asia* 19 (3): 9–50.

Dolven, Ben. 2003. "A Home Revolt at Ground Level." *Far Eastern Economic Review* 166 (42): 35–37.

Easton, David. 1965. *A Systems Analysis of Political Life*. New York: John Wiley and Sons.〔デイビッド・イーストン『政治生活の体系分析』片岡寛光監訳、早稲田大学出版部、1980年〕

Easton, David. 1976. "Theoretical Approaches to Political Support." *Canadian Journal of Political Science* 9 (3): 431–448.

Englehart, Neil A. 2003. "Democracy and the Thai Middle Class." *Asian Survey* 43 (2): 253–279.

Erikson, Robert, and John H. Goldthorpe. 1992. *The Constant Flux: A Study of Class Mobility in Industrial Societies*. New York: Oxford University Press.

Eulau, Heinz. 1956a. "Identification with Class and Political Perspective." *Journal of Politics* 18 (2): 232–253.

Eulau, Heinz. 1956b. "Identification with Class and Political Role Behavior." *Public Opinion*

Quarterly 20 (3): 515–529.

Evans, Peter. 1995. *Embedded Autonomy: State and Industrial Transformation.* Princeton, NJ: Princeton University Press.

Evans, Peter, Dietrich Rueschemeyer, and Theda Skocpol, eds. 1985. *Bringing the State Back In.* New York: Cambridge University Press.

Fan, Ren. 2005. "The Fight for Property Rights: Organizations to Protect Homeowners' Rights Are an Indication That Community Politics Are on the Rise." *Beijing Review* 48 (30): 34–35.

Fernandes, Leela. 2006. *India's New Middle Class: Democratic Politics in an Era of Economic Reform.* Minneapolis: University of Minnesota Press.

Finkel, Steven E., Edward N. Muller, and Mitchell Seligson. 1989. "Economic Crisis, Incumbent Performance, and Regime Support: A Comparison of Longitudinal Data from West Germany and Costa Rica." *British Journal of Political Science* 19 (July): 329–351.

Fowler, Floyd D. 1988. *Survey Research Methods.* Beverly Hills, CA: Sage Publications.

Fukuyama, Francis. 1993. "Capitalism & Democracy: The Missing Link." In *Capitalism, Socialism, and Democracy Revisited*, ed. Larry Diamond and Marc F. Plattner, 94–104. Baltimore: Johns Hopkins University Press.

Gallagher, Mary E. 2002. "Reform and Openness' Why China's Economic Reform Have Delayed Democracy." *World Politics* 54 (3): 338–372.

Gerschenkron, Alexander. 1962. *Economic Backwardness in Historical Perspective: A Book of Essays.* Cambridge, MA: Belknap Press of Harvard University Press.

Gibson, James L. 1995. "The Resilience of Mass Support for Democratic Institutions and Processes in Nascent Russian and Ukrainian Democracies." In *Political Culture and Civil Society in Russia and the New States of Eurasia*, ed. Vladimir Tismaneanu, 53–111. Armonk, NY: M. E. Sharpe.

Gibson, James L., and Raymond M. Duch. 1993. "Emerging Democratic Values in Soviet Political Culture." In *Public Opinion and Regime Change*, ed. Arthur H. Miller, William M. Reisinger, and Vicki L. Hesli, 69–94. Boulder, CO: Westview Press.

Gibson, James L., Raymond M. Duch, and Kent L. Tedin. 1992. "Democratic Values and the Transformation of the Soviet Union." *Journal of Politics* 54 (2): 329–371.

Glassman, Ronald M. 1991. *China in Transition: Communism, Capitalism, and Democracy.* New York: Praeger.

Glassman, Ronald M. 1995. *The Middle Class and Democracy in Socio-Historical Perspective.* Leiden, The Netherlands: E. J. Brill.

Glassman, Ronald M. 1997. *The New Middle Class and Democracy in Global Perspective.* New York: St. Martin's Press; London: Macmillan Press.

Goodman, David G. 1996. "The People's Republic of China: The Party-State, Capitalist Revolution and New Entrepreneurs." In *The New Rich in Asia: Mobile Phones, McDonalds and Middle-Class Revolution*, ed. Richard Robison and David G. Goodman, 225–242. London: Routledge.

Goodman, David G. 1999. "The New Middle Class." In *The Paradox of China's Post-Mao Reforms*, ed.

Merle Goldman and Roderick MacFarquhar, 241–261. Cambridge, MA: Harvard University Press.

Gupta, Dipankar. 2000. *Mistaken Modernity: India Between Worlds*. New Delhi: HarperCollins Publishers India.

Hadiz, Vedi R. 2004. "The Rise of Neo-Third Worldism? The Indonesian Trajectory and the Consolidation of Illiberal Democracy." *Third World Quarterly* 25 (1): 55–71.

Han, Sang-Jin. 2010. "Middle-Class Grassroots Identity and Participation in Citizen Initiatives, China and South Korea." In *China's Emerging Middle Class*, ed. Cheng Li, 264–290. Washington, DC: Brookings Institution Press.

Hattori, Tamio（服部民夫）, and Tsuruyo Funatsu（船津鶴代）. 2003. "The Emergence of the Asian Middle Classes and Their Characteristics." *Developing Economies* 41 (2): 140–160.

Hattori, Tamio（服部民夫）, Tsuruyo Funatsu（船津鶴代）, and Takashi Torii（鳥居高）. 2003. "Introduction: The Emergence of the Asian Middle Classes and Their Characteristics." *Developing Economies* 41 (2): 129–139.

Hayes, Bernadette C. 1995. "The Impact of Class on Political Attitudes: A Comparative Study of Great Britain, West Germany, Australia, and the United States." *European Journal of Political Research* 27: 69–91.

Halpern, Nina P. 1991. "Economic Reform, Social Mobilization, and Democratization in Post-Mao China." In *Reform and Reaction in Post-Mao China: The Road to Tiananmen*, ed. Richard Baum. New York: Routledge.

Hsiao, Hsin-Huang Michael. 2010. "Placing China's Middle Class in the Asia-Pacifi c Context." In *China's Emerging Middle Class*, ed. Cheng Li, 245–263. Washington, DC: Brookings Institution Press.

Hsiao, Hsin-Huang Michael, and Hagen Koo. 1997. "The Middle Classes and Democratization." In *Consolidating the Third Wave Democracies*, ed. Larry Diamond et al., 312–333. Baltimore: Johns Hopkins University Press.

Hsiao, Hsin-Huang Michael, and Alvin Y. So. 1999. "The Making of the East Asian Middle Classes: The Five Propositions." In *East Asian Middle Classes in Comparative Perspective*, ed. Hsin-Huang Michael Hsiao, 3–49. Taipei: Institute of Ethnology, Academia Sinica.

Huntington, Samuel P. 1971. "The Change to Change." *Comparative Politics* 3: 283–322.

Huntington, Samuel P. 1991. *The Third Wave: Democratization in the Late Twentieth Century*. Norman: University of Oklahoma Press.〔サミュエル・ハンティントン『第三の波――20世紀後半の民主化』坪郷實・中道寿一・藪野祐三訳、三嶺書房、1995年〕

International Finance Corporation. 2000. *China's Emerging Private Enterprises: Prospects for the New Century*. Washington, DC: International Finance Corporation.

Jennings, M. Kent. 1997. "Political Participation in the Chinese Countryside." *American Political Science Review* 91: 361–372.

Jennings, M. Kent. 1998. "Gender and Political Participation in the Chinese Countryside." *Journal*

of Politics 60 (November): 954–973.

Johnson, Dale L. 1985. "Class and Social Development: Toward a Comparative and Historical Social Science." In *Middle Classes in Dependent Countries*, ed. Dale L. Johnson, 13–41. Beverly Hills, CA: Sage Publications.

Johnston, Alastair Iain. 2004. "Chinese Middle Class Attitudes Towards International Affairs: Nascent Liberalization?" *China Quarterly* 179: 603–628.

Jones, David Martin. 1998. "Democratization, Civil Society, and Illiberal Middle Class Culture in Pacific Asia." *Comparative Politics* 30 (2): 147–169.

Kahl, Joseph Alan. 1957. *The American Class Structure*. New York: Rinehart.

Katzenstein, Peter. 1985. "Small Nations in an Open International Economy: The Converging Balance of State and Society in Switzerland and Austria." In *Bringing the State Back In*, eds. Peter Evans, Dietrich Rueschemeyer, and Theda Skocpol, 227–256. New York: Cambridge University Press.

Kharas, Homi, and Geoffrey Gertz. 2010. "The Global Middle Class: A Crossover from West to East." In *China's Emerging Middle Class*, ed. Cheng Li, 32–54. Washington, DC: Brookings Institution Press.

Kimura, Masataka（木村冒孝）. 2003. "The Emergence of the Middle Classes and Political Change in the Philippines." *Developing Economies* 41 (2): 264–284.

Kohli, Atul. 2004. *State-Directed Development: Political Power and Industrialization in the Global Periphery*. Princeton, NJ: Princeton University Press.

Koo, Hagen. 1991. "Middle Classes, Democratization, and Class Formation: The Case of South Korea." *Theory and Society* 20 (4): 485–509.

LaFraniere, Sharon. 2011. "Alarmed by Independent Candidates, Chinese Authorities Crack Down." *New York Times* (December 4, 2011). http://www.nytimes.com/2011/12/05/world/asia/china-clamps-down-oneven-a-by-the-book-campaign.html?ref=asia.

Lam, Peng Er. 1999. "Singapore: Rich State, Illiberal Regime." In *Driven by Growth: Political Change in the Asia-Pacific Region*, ed. James W. Morley, 255–274. New York: M. E. Sharpe.

Lam, Tao-chiu, and Jerry L. Perry. 2001. "Services Organizations in China: Reforms and Institutional Constraints." *Policy Studies Review* 18 (1): 16–35.

Lane, Robert E. 1959. *Political Life: Why People Get Involved in Politics*. Glencoe, IL: Free Press.

Lee, Ching Kwan. 2000. "Pathways of Labor Insurgency." In *Chinese Society: Change, Conflict and Resistance*, ed. Elizabeth J. Perry and Mark Selden, 41–61. London: Routledge.

Li, Chunling. 2003. "Zhongguo dangdai zhongchan jieceng de goucheng ji bili" [The Composition and Size of China's Contemporary Middle Class]. *Zhongguo renkou kexue [Chinese Population Science]* 2003 (6): 25–32.

Li, He. 2003. "Middle Class: Friends or Foes to Beijing's New Leadership." *Journal of Chinese Political Science* 8 (1&2): 87–100.

Liang, Xiaoshen. 2011. *Zhongguo shehui gejiceng feixi [An Analysis of China's Social Classes]*. Beijing:

Culture and Art Publishing House.

Lin, Nan, and Wen Xie. 1988. "Occupational Prestige in Urban China." *American Journal of Sociology* 93: 793–832.

Lipset, Seymour M. 1959. "Some Social Requisites of Democracy: Economic Development and Political Legitimacy." *American Political Science Review* 53 (1): 69–105.

Lipset, Seymour M. 1968. "Stratification: Social Class." In *International Encyclopedia of the Social Science*, Vol. 15, 296–316. New York: Collier Macmillan.

Lipset, Seymour M. 1981. *Political Man: The Social Bases of Politics* (1st ed., 1959). Baltimore: Johns Hopkins University Press.〔セイモア・M・リプセット『政治のなかの人間——ポリティカル・マン』内山秀夫訳、東京創元新社、1963年〕

Lipset, Seymour, and Reinhard Bendix. 1959. *Social Mobility in Industrial Society*. Berkeley: University of California Press.〔セイモア・M・リプセット／R・ベンディクス『産業社会の構造——社会的移動の比較分析』鈴木広訳、サイマル出版会、1969年〕

Locke, John. 1967. *Two Treatises of Government*. London: Cambridge University Press.

Lu, Xueyi, ed. 2002. *Dangdai zhongguo shehui jieceng yanjiu baogao [Research Report on Contemporary China's Social Classes]*. Beijing: Shehui kexue wenxian chubanshe.

Lu, Xueyi, ed. 2004. *Dangdai zhongguo shehui liudong [Social Mobility in Contemporary China]*. Beijing: Shehui kexue wenxian chubanshe.

Lu, Xueyi, ed. 2010. *Dangdai zhongguo shehui jiegou [Social Structure of Comtemporary China]*. Beijing: Shehui kexue wenxian chubanshe.

Lu, Ya-li. 1991. "Political Development in the Republic of China." In *Democracy and Development in East Asia: Taiwan, South Korea, and the Philippines*, ed. Thomas W. Robinson, 35–47. Washington, DC: AEI Press.

Luebbert, Gregory M. 1991. *Liberalism, Fascism, or Social Democracy: Social Classes and the Political Origins of Regimes in Interwar Europe*. New York: Oxford University Press.

Luedde-Neurath, Richard. 1986. *Import Controls and Export-Oriented Development: A Reassessment of the South Korea Case*. Boulder, CO: Westview.

Macridis, Roy C. 1992. *Contemporary Political Ideologies: Movements and Regimes*. New York: Harper Collins.

Manion, Melanie. 1994. "Survey Research in the Study of Contemporary China: Learning from Local Samples." *China Quarterly* 139: 741–765.

Manion, Melanie. 1996. "The Electoral Connection in the Chinese Countryside." *American Political Science Review* 90: 736–748.

Mao, Wen. 2010. 探访中国"中产"群体：都是些房奴车奴卡奴孩奴 [Study on China's "Middle Class" Group: All Working like Slaves for Their Houses, Cars, and Children]. *Zhongxin Web* (September 9, 2010). http://news.powerapple.com/articles/108641.

Marsh, Alan, and Max Kaase. 1979. "Background of Political Action." In *Political Action: Mass Participation in Five Western Democracies*, ed. Samuel H. Barnes et al., 97–136. Beverley Hills,

CA: Sage.

McCormick, Barrett. 1990. *Political Reform in Post-Mao China: Democracy and Bureaucracy in a Leninist State*. Berkeley: University of California Press.

McCormick, Barrett L. 1996. "China's Leninist Parliament and Public Sphere: A Comparative Analysis." In *China after Socialism: in the Footsteps of Eastern Europe or East Asia?* Ed. Barrett L. McCormick and Jonathan Unger. Armonk, NY: M.E. Sharpe. pp. 29–53.

Migdal, Joel S. 2001. *State in Society: Studying How Sates and Societies Transform and Constitute One Another*. New York: Cambridge University Press.

Milbrath, Lester W. 1977. *Political Participation: How and Why Do People Get Involved in Politics?* 2nd ed. Chicago: Rand McNally College Publishing.〔レスター・ミルブレイス『政治参加の心理と行動』内山秀夫訳、早稲田大学出版部、1976年〕

Mills, C. Wright. 1953. *White Collar: The American Middle Classes*. New York: Oxford University Press.〔C・ライト・ミルス『ホワイト・カラー——中流階級の生活探究』杉 政孝訳、創元社、1957年〕

Mitchell, Timothy. 1991. "The Limits of the State: Beyond Statist Approaches and Their Critics." *American Political Science Review* 85: 77–96.

Moore, Barrington. 1966. *Social Origins of Dictatorship and Democracy: Lord and Peasant in the Making of the Modern World*. Boston: Beacon Press.〔バリントン・ムーア『独裁と民主政治の社会的起源——近代世界形成過程における領主と農民(1・2)』宮崎隆次・森山茂徳・高橋直樹訳、岩波書店、1986年〕

Muller, Edward N. 1977. "Behavioral Correlates of Political Support." *American Political Science Review* 71 (June): 454–467.

Muller, Edward N. 1997. "Economic Determinants of Democracy." In *Inequality, Democracy, and Economic Development*, ed. Manus I. Midlarsky, 133–155. New York: Cambridge University Press.

Muller, Edward N., and Thomas O. Jukam, 1977. " On the Meaning of Political Support." *American Political Science Review* 71 (December): 1561–1595.

Muller, Edward N., Mitchell A. Seligson, and Hung-der Fu. 1989. "Land Inequality and Political Violence." *American Political Science Review* 83 (June): 577–587.

Muller, Edward N., and Carol J. Williams. 1980. "Dynamics of Political Support-Alienation." *Comparative Political Studies* 13 (1): 33–59.

Nathan, Andrew J. 1990. *China's Crisis: Dilemma of Reform and Prospects for Democracy*. New York: Columbia University Press.

Nathan, Andrew J. 1997. *China's Transition*. New York: Columbia University Press.

Nathan, Andrew J. 2007. "Political Culture and Regime Support in Asia." Paper presented at the conference on "The Future of U.S.-China Relations" at University of Southern California, April 20–21, 2007.

Nathan, Andrew J. 2008. "China's Political Trajectory: What Are the Chinese Saying?" In *China's*

Changing Political Landscape: Prospects for Democracy, ed. Cheng Li, 25–43. Washington, DC: Brookings Institution Press.

National People's Congress (of the PRC). 1982. The *Constitution of the People's Republic of China.* Beijing Review 52 (December 27): 10–52.

Nathan, Andrew J. 1985. *Chinese Democracy*. New York: Alfred A. Knopf.

Naughton, Barry. 2007. *The Chinese Economy: Transitions and Growth*. Cambridge, MA: MIT Press.

Nee, Victor. 1989. "A Theory of Market Transition: From Redistribution to Markets in State Socialism." *American Sociological Review* 54: 663–681.

Nee, Victor. 1991. "Social Inequalities in Reforming State Socialism: Between Redistribution and Markets in China." *American Sociological Review* 56: 267–282.

Nee, Victor. 1996. "The Emergence of a Market Society: Changing Mechanisms of Stratification in China." *American Journal of Sociology* 101 (4): 908–949.

Nee, Victor, and Rebecca Matthews. 1996. "Market Transition and Societal Transformation in Reforming State Socialism." *Annual Review of Sociology* 22: 401–435.

Nie, Norman H., G. Bingham Powell, Jr., and Kenneth Prewitt. 1969. " Social Structure and Political Participation: Developmental Relationships, Part I and II." *American Political Science Review* 63: 361–378 and 808–832.

O'Brien, Kevin J. 1990. *Reform without Liberalization: China's National People's Congress and the Politics of Institutional Change*. New York: Cambridge University Press.

O'Brien, Kevin J., and Rachel E. Stern. 2008. "Introduction: Studying Contention in Contemporary China." In P*opular Protest in China*, ed. Kevin J. O'Brien, 11–25. Cambridge, MA: Harvard University Press.

Ogden, Suzanne. 2002. *Inklings of Democracy in China*. Cambridge, MA: Harvard University Asia Center and distributed by Harvard University Press.

Oi, Jean C. 1999. *Rural China Takes Off: Institutional Foundations of Economic Reform*. Berkeley and Los Angeles: University of California Press.

Oppenheimer, Martin. 1985. *White Collar Politics*. New York: Monthly Review Press.

Owensby, Brian. 1999. *Intimate Ironies: Modernity and the Making of Middle Class Lives in Brazil.* Stanford, CA: Stanford University Press.

Packenham, Robert. 1992. *The Dependency Movement: Scholarship and Politics in Development Studies*. Cambridge, MA: Harvard University Press.

Parish, William L. 1984. "Destratification in China." In *Class and Social Stratification in Post-Revolution China*, ed. James L. Watson, 84–120. Cambridge: Cambridge University Press.

Parish, William L., and Ethan Michelson. 1996. "Politics and Markets: Dual Transformations." *American Journal of Sociology* 101 (4): 1042–1059.

Pearson, Margaret M. 1997. *China's New Business Elite: The Political Consequences of Economic Reform*. Berkeley: University of California Press.

Pei, Minxin. 2006. *China's Trapped Transition: The Limits of Developmental Autocracy*. Cambridge,

MA: Harvard University Press.

Pempel, T. J. 1999 (ed.). *The Politics of the Asian Economic Crisis*. Cornell University Press.

Poulantzas, Nicos. 1975. *Classes in Contemporary Capitalism*. London: New Left Books.

Przeworski, Adam, and Fernando Limongi, 1997. "Modernization: Theories and Facts." *World Politics* 49: 155–183.

Pye, Lucian W. 1992. *The Spirit of Chinese Politics*. Cambridge, MA: Harvard University Press.

Qiu, Zeqi, 2004. *Dangdai zhongguo shehui fenceng zhuangkuang de bianqian [The Changes of Social Stratification in Contemporary China]*. Heibei, China: Hebei daxue chubanshe.

Read, Benjamin L. 2004. "Democratizing the Neighborhood? New Private Housing and Home-Owner Self-Organization in Urban China." *China Journal* 49: 31–59.

Rodan, Garry. 1993. "The Growth of Singapore's Middle Class and its Political Significance." In *Singapore Changes Guard: Social, Political and Economic Directions in the 1990s*, ed. Garry Rodan, 52–71. Melbourne: Longman Cheshire.

Rona-Tas, Akos. 1994. "The First Shall Be Last? Entrepreneurship and Communist Cadres in the Transition from Socialism." *American Journal of Sociology* 100 (1): 40–69.

Rose, Richard, William Mishler, and Neil Munro. 2011. *Popular Support for an Undemocratic Regime: The Changing Views of Russians*. New York: Cambridge University Press.

Rostow, Walt W. 1960. *Stages of Economic Growth: A Non-Communist Manifesto*, 1st ed. Cambridge: Cambridge University Press.〔W・W・ロストウ「経済成長の諸段階――一つの非共産主義宣言」木村健康・久保まち子・村上泰亮訳、ダイヤモンド社、1961年〕

Rostow, Walt W. 1991. *Stages of Economic Growth: A Non-Communist Manifesto*, 3rd ed. New York: Cambridge University Press.

Rueschemeyer, Dietrich, and Peter Evans. 1985. "The State and Economic Transformation: Toward an Analysis of the Conditions Underlying Effective Intervention." In *Bringing the State Back In*, ed. Peter Evans, Dietrich Rueschemeyer, and Theda Skocpol, 44–77. New York: Cambridge University Press.

Rueschemeyer, Dietrich, Evelyne Huber Stephens, and John D. Stephens. 1992. *Capitalist Development and Democracy*. Chicago: University of Chicago Press.

Scalapino, Robert A. 1998. "Current Trends and Future Prospects." *Journal of Democracy* 9: 35–40.

Schmitter, Philippe. 1974. "Still the Century of Corporatism? " *Review of Politics* 36 (1): 85–131.

Schumpeter, Joseph A. 1947. *Capitalism, Socialism, and Democracy*. New York: Harper.〔ジョゼフ・シュンペーター『資本主義・社会主義・民主主義』中山伊知郎・東畑精一訳、東洋経済新報社、1995年〕

Seligson, Mitchell A., and Edward N. Muller. 1987. "Democratic Stability and Economic Crisis: Costa Rica, 1978–1983." *International Studies Quarterly* 31 (September): 301–326.

Sherkat, Darren, and T. Jean Blocker. 1994. "The Political Development of Sixties' Activities: Identifying the Infl uence of Class, Gender, and Socialization on Protest Participation." *Social Forces* 72 (3): 821–842.

Shi, Tianjian. 1997. *Political Participation in Beijing*. Cambridge, MA: Harvard University Press.

Shi, Tianjian. 1999a. "Village Committee Elections in China: Institutionalist Tactic for Democracy." *World Politics* 51 (3): 385–412.

Shi, Tianjian. 1999b. "Economic Development and Village Elections in Rural China." *Journal of Contemporary China* 8 (22): 425–442.

Shi, Weimin, and Lei Jingxuan. 1999. *Zhijie xuanju: system and procedure* (Direct elections: the system and procedure). Beijing: Chinese Academy of Social Sciences Press.

Shin, Eui Hang. 1999. "Social Change, Political Elections, and the Middle Class in Korea." *East Asia: An International Quarterly* 17 (3): 28–60.

Shirk, Susan L. 1984. "The Decline of Virtuocracy in China." In *Class and Social Stratification in Post-Revolution China*, ed. James L. Watson, 56–83. Cambridge: Cambridge University Press.

Shwarz, Adam. 1994. *A Nation in Waiting: Indonesia in the 1990s*. Boulder, CO: Westview Press.

Skocpol, Theda. 1985. "Bringing the State Back In: Strategies of Analysis in Current Research." In *Bringing the State Back In*, ed. Peter Evans, Dietrich Rueschemeyer, and Theda Skocpol, 3–43. New York: Cambridge University Press.

So, Alvin Y. 2003. "The Changing Pattern of Classes and Class Conflict in China." *Journal of Contemporary Asia* 33 (3): 363–376.

So, Alvin Y. 2004. "The Middle Class in Asia-Pacific: Second-Phase Research and Future Trajectory." *Asian Perspective* 28 (2): 263–275.

So, Alvin Y., and Ludmilla Kwitko. 1990. "The New Middle Class and the Democratic Movement in Hong Kong." *Journal of Contemporary Asia* 20: 384–398.

Solinger, Dorothy. 1992. "Urban Entrepreneurs and the State: The Merger of State and Society." In *State and Society in China: The Consequences of Reform*, ed. Arthur Rosenbaum, 121 – 141. Boulder, CO: Westview Press.

Solinger, Dorothy. 2008. "Business Groups: For or Against the Regime." In *Political Change in China: Comparisons with Taiwan*, ed. Bruce Gilley and Larry Diamond, 95–114. Boulder, CO: Lynne Rienner.

South Weekly. 2010. "一个" 中产" 家庭的通胀焦虑" [The Anxiety of a Middle-Class Family over Inflation]. *South Weekly* (July 23, 2010).

Stepan, Alfred. 1985. "State Power and the Strength of Civil Society in the Southern Cone of Latin America." In *Bringing the State Back In*, ed. Peter Evans, Dietrich Rueschemeyer, and Theda Skocpol, 317–346. New York: Cambridge University Press.

Stephens, Evelyne Huber. 1989. "Capitalist Development and Democracy in South America." *Politics and Society* 17 (3): 281–352.

Sundhaussen, Ulf. 1991. "Democracy and the Middle Classes: Reflections on Political Development." *Australian Journal of Politics and History* 37: 100–117.

Tamura, Keiko T. 2003. "The Emergence and Political Consciousness of the Middle Class in Singapore." *Developing Economies* 41 (2): 184–200.

Tang, Wenfang. 2005. *Public Opinion and Political Change in China*. Stanford, CA: Stanford University Press.

Tang, Wenfang, and William L. Parish. 2000. *Chinese Urban Life under Reform: The Changing Social Contract*. Cambridge: Cambridge University Press.

Thompson, Mark R. 2004. "Pacific Asia after 'Asian Values': Authoritarianism, Democracy, and 'Good Governance.'" *Third World Quarterly* 25 (6): 1079–1095.

Tilly, Charles. 1985. "War Making and State Making as Organized Crime." In *Bringing the State Back In*, ed. Peter Evans, Dietrich Rueschemeyer, and Theda Skocpol, 169–191. New York: Cambridge University Press.

Tomba, Luigi. 2004. "Creating an Urban Middle Class: Social Engineering in Beijing." *China Journal* 51: 1–26.

Torii, Takashi（鳥居高）. 2003. "The Mechanism for State-Led Creation of Malaysia's Middle Classes." *Developing Economies* 41 (2): 221–242.

Townsend, James R. 1967. *Political Participation in Communist China*. Berkeley and Los Angeles: University of California Press.

Tsai, Kellee S. 2002. *Back Alley Banking: Private Entrepreneurs in China*. Ithaca, NY: Cornell University Press.

Tsai, Kellee S. 2005. "Capitalists Without a Class: Political Diversity Among Private Entrepreneurs in China." *Comparative Political Studies* 38 (9): 1130–1158.

Tsai, Kellee S. 2006. "Adaptive Informal Institutions and Endogenous Institutional Change in China." *World Politics* 59: 116–141.

Tsai, Kellee S. 2007. *Capitalism Without Democracy: The Private Sector in Contemporary China*. Ithaca, NY: Cornell University Press.

Unger, Jonathan, and Anita Chan. 1995. "China, Corporatism, and the East Asian Model." *Australian Journal of Chinese Affairs* 33: 29–53.

Verba, Sidney, and Norman H. Nie. 1972. *Participation in America: Political Democracy and Social Equality*. New York: Harper and Row Publishers.

Verba, Sidney, Norman Nie, and Jae-on Kim. 1978. *Participation and Political Equality: A Seven-Nation Comparison*. New York: Cambridge University Press.〔シドニー・ヴァーバ／ノーマン・ナイ、キム・ジェオン『政治参加と平等――比較政治学的分析』三宅一郎・蒲島郁夫・小田健著訳、東京大学出版会、1981年〕

Wade, Robert. 1990. *Governing the Market: Economic Theory and the Role of Government in East Asian Industrialization*. Princeton, NJ: Princeton University Press.

Walder, Andrew G., ed. 1995a. *The Waning of the Communist State: Economic Origins of Political Decline in China and Hungary*. Berkeley: University of California Press.

Walder, Andrew G. 1995b. "Career Mobility and the Communist Political Order." *American Sociological Review* 60: 309–328.

Walder, Andrew G. 1989. "Social Change in Post-Revolution China." *Annual Review of Sociology* 15:

405–424.

Walder, Andrew G., Bobai Li, and Donald J. Treiman. 2000. "Politics and Life Chances in a State Socialist Regime: Dual Career Paths into the Urban Chinese Elite, 1949 to 1996." *American Sociological Review* 65 (2): 191–209.

Walsh, Katherine Cramer, M. Kent Jennings, and Laura Stoker. 2004. "The Effects of Social Class Identification on Participatory Orientations Towards Government." *British Journal of Political Science* 34: 469–495.

Wang, James C.F. 1999. *Contemporary Chinese Politics.* Upper Saddle River, NJ: Prentice Hall.

Wang, Yaping, and Alan Murie. 1996. "The Process of Commercialisation of Urban Housing in China." *Urban Studies* 33 (6): 971–989.

Wang, Zhongtian. 1998. *Xingde bi'an: Zouxiang 21st shiji de zhongguo minzhu* (A new horizon: marching toward the Chinese democracy in the 21st century). Beijing: The Party School of the CCP's Central Committee Press.

Weston, Timothy. 2000. "China's Labor Woes: Will the Workers Crash the Party?" In *China: Beyond the Headlines*, ed. Timothy Weston and Lionel M. Jensen, 245–271. Lanham, MD: Rowman and Littlefield Publishers.

White, Gordon, and Robert Wade. 1988. "Developmental States and Markets in East Asia: An Introduction." In *Developmental States in East Asia*, ed. Gordon White, 1–29. London: Macmillan.

Whyte, Martin King. 1975. "Inequality and Stratifi cation in China." *China Quarterly* 64: 684–711.

Whyte, Martin King. 1985. "The Politics of Life Chances in the People's Republic of China." In *Power and Policy in the PRC*, ed. Yu-ming Shaw, 244–265. Boulder, CO, and London: Westview Press.

Whyte, Martin King. 1999. "The Changing Role of Workers." In *The Paradox of China's Post-Mao Reforms*, ed. Merle Goldman and Roderick MacFarquhar, 173–196. Cambridge, MA: Harvard University Press.

Woo-Cumings, Meredith, ed. 1999. *The Developmental State.* Ithaca, NY: Cornell University Press.

Wright, Erik Olin. 1997. *Class Counts: Comparative Studies in Class Analysis.* Cambridge: Cambridge University Press.

Wright, Teresa. 2010. *Accepting Authoritarianism: State-Society Relations in China's Reform Era.* Stanford, CA: Stanford University Press.

Wu, Xiaogang. 2002. "Work Units and Income Inequality: The Effect of Market Transition in Urban China." *Social Forces* 80 (3): 1069–1099.

Wu, Xiaogang, and Donald J. Treiman. 2004. "The Household Registration System and Social Stratifi cation in China: 1955–1996." *Demography* 41 (2): 363–384.

Xiao, Gongqin. 2003. "The Rise of the Technocrats." *Journal of Democracy* 14 (1): 59–65.

Xiao, Wentao. 2001. "Zhongguo zhongjian jieceng de xianzhuang he weilai fazhan" [The Current Situation and Future Development of China's Middle Stratum]. *Shehuixue yanjiu [Sociological*

Research] 2001 (3): 93–98.

Yang, Jisheng. 2011. *Zhonguo dangdai shehui jiecen fengxi [An Analysis of China's Contemporary Social Classes]*. Nanchang, Jiangxi: Jiangxi Higher Education Publisher.

Zhang, Li. 2010. *In Search of Paradise: Middle-Class Living in a Chinese Metropolis*. Ithaca, NY: Cornell University Press.

Zhang, Wei. 2005. *Chongtu yu bianshu: Zhongguo shehui zhongjian jieceng zhengzhi fenxi [Conflict and Uncertainty: Political Analysis of the Middle Stratum in Chinese Society]*. Beijing: Shehui kexue wenxian chubanshe.

Zheng, Hangsheng, and Lulu Li. 2004. *Dangdai zhongguo chengshi shehui jiegou [Social Structure of the Cities in Contemporary China]*. Beijing: Zhongguo renmin daxue chubanshe.

Zheng, Yongnian. 2004a. *Globalization and State Transformation in China*. Cambridge: Cambridge University Press.

Zheng, Yongnian. 2004b. *Will China Become Democratic? Elite, Class and Regime Change*. London: Eastern Universities Press.

Zheng, Yongnian. 2011. *Baowei shehui [Society Must be Defended]*. Hangzhou, Zhejiang: Zhenjiang People's Press.

Zhong, Yang, and Jie Chen. 2002. " To Vote or Not to Vote: An Analysis of Peasants' Participation in Chinese Village Elections." *Comparative Political Studies* 35 (6): 686–712.

Zhou, Xiaohong. 2002. "Zhongchan jieji: heyi keneng yu heyi kewei?" [Middle Class: What are Possibilities and Capabilities?]. *Jiangsu shehui kexue [Jiangsu Journal of Social Sciences]* 6: 37–45.

Zhou, Xiaohong. 2005. *Zhongguo zhongchan jieceng diaocha [Survey of the Chinese Middle Class]*. Beijing: Shehui kexue wenxian chubanshe.

Zhou, Xueguang. 2000. "Economic Transformation and Income Inequality in Urban China: Evidence from Panel Data." *American Journal of Sociology* 105 (4): 1135–1174.

Zhou, Xueguang. 2004. *The State and Life Chances in Urban China*. Cambridge: Cambridge University Press.

Zhou, Xueguang, Nancy Brandon Tuma, and Phyllis Moen. 1996. "Stratification Dynamics under State Socialism: the Case of Urban China, 1949–1993." *Social Forces* 74 (3): 759–796.

Zipp, John F. 1986. "Social Class and Social Liberalism." *Sociological Forum* 1 (2): 301–329.

巻末付録

2008年に北京、成都、西安で行った詳細聞き取り調査協力者リスト

2008年の3月から4月にかけ、本研究の確率標本抽出調査を行ったのと同じ中国3都市（北京、成都、西安）で、223人の市民を対象に、詳細聞き取り調査を行った。調査に当たっては、国家部門と非国家部門に雇用されている中間層市民を含み、幅広い都市人口がカバーされるよう、意図的に聞き取り先を選んだ。確率標本抽出調査から得られた成果に、よりニュアンスに富んだ解説を加えるべく、詳細聞き取り調査対象者には、確率標本抽出調査でも取り上げた鍵となる話題について詳細に語ることが要請された。1件当たりの平均インタビュー時間は、およそ2時間程度となった。それぞれの詳細聞き取り調査の通し番号と日付、ならびに調査対象者の年齢、居住地、および職業を下記の表にまとめた。

通し番号	調査実施日時	調査対象年齢	居住地	職業
1	2008.3.1	28	北京	中小企業主
2	2008.4.28	65	北京	大学教授
3	2008.3.31	34	成都	ジャーナリスト
4	2008.4.28	33	成都	大学助教授
5	2008.4.2	32	西安	セールスマン
6	2008.3.29	31	西安	小学校教師
7	2008.4.8	44	北京	大学教授
8	2008.4.29	35	西安	編集長
9	2008.3.8	42	北京	大学教授
10	2008.3.2	29	北京	財務管理
11	2008.3.28	45	北京	NGO専務理事
12	2008.3.29	50	北京	国有企業経営幹部
13	2008.4.1	42	北京	弁護士
14	2008.4.7	53	北京	集団経営企業経営幹部
15	2008.3.29	40	西安	公務員
16	2008.3.29	45	西安	中学校教師
17	2008.3.29	37	西安	公務員
18	2008.4.8	53	北京	大学教授
19	2008.4.2	40	成都	中小企業主
20	2008.4.4	30	成都	企業幹部
21	2008.4.4	39	成都	大学助教授
22	2008.4.4	39	成都	大学教授
23	2008.4.2	42	成都	中小企業主
24	2008.4.4	35	成都	ジャーナリスト
25	2008.4.4	47	成都	大学教授
26	2008.4.2	45	成都	小規模相場師
27	2008.4.1	38	成都	大学助教授
28	2008.4.29	50	成都	国有企業技師
29	2008.4.2	28	成都	セールスマネージャー
30	2008.4.12	24	成都	外資系企業会計
31	2008.4.8	38	北京	地区広報担当共産党幹部
32	2008.4.11	48	西安	公務員

通し番号	調査実施日時	調査対象年齢	居住地	職業
33	2008.4.10	25	西安	アシスタントマネージャー
34	2008.4.11	46	西安	公務員
35	2008.4.12	48	西安	公務員
36	2008.4.11	24	西安	私営企業オーナーアシスタント
37	2008.4.12	27	西安	小規模株主
38	2008.4.12	43	西安	無所属学者
39	2008.4.12	45	西安	公立病院医師
40	2008.4.12	54	西安	タクシー運転手
41	2008.4.12	33	西安	合弁企業経営幹部
42	2008.4.13	32	西安	弁護士
43	2008.4.13	36	西安	アパートオーナー
44	2008.4.13	35	西安	公共機関研究員
45	2008.4.13	35	西安	小学校教師
46	2008.4.13	60	西安	歌手
47	2008.4.13	58	西安	アーチスト
48	2008.4.21	56	西安	自営業労働者
49	2008.4.21	33	西安	観光ガイド
50	2008.4.21	45	西安	大学職員
51	2008.4.21	42	西安	大学職員
52	2008.3.17	34	北京	街役場職員
53	2008.3.18	37	北京	大学教授
54	2008.3.18	41	北京	外資系企業会計
55	2008.3.18	24	北京	外資系企業弁護士
56	2008.3.18	27	北京	外資系企業アシスタントマネージャー
57	2008.3.18	32	北京	無所属学者
58	2008.3.18	31	北京	フリーランス著述業
59	2008.3.19	39	北京	雑誌編集者
60	2008.3.19	45	北京	私営企業所属建築設計士
61	2008.3.19	46	北京	預金利子生活者
62	2008.3.19	47	北京	私営企業小規模株主
63	2008.3.19	57	北京	国有企業経営幹部
64	2008.3.19	56	北京	北京市役所

通し番号	調査実施日時	調査対象年齢	居住地	職業
65	2008.3.19	55	北京	公的機関の学術研究員
66	2008.3.19	52	北京	大学教授
67	2008.3.19	34	北京	独立翻訳家
68	2008.3.19	45	北京	教育ブローカー
69	2008.3.18	45	北京	不動産ブローカー
70	2008.3.17	51	北京	地区役所職員
71	2008.3.17	27	北京	Webデザイナー
72	2008.3.19	28	北京	Web編集者
73	2008.3.19	29	北京	メディアブローカー
74	2008.3.19	30	北京	フリーランス著述業
75	2008.3.6	43	成都	茶店オーナー
76	2008.3.6	45	成都	中小企業主
77	2008.3.6	34	成都	小規模株主
78	2008.3.6	37	成都	アパートオーナー
79	2008.3.6	38	成都	無所属学者
80	2008.3.6	29	成都	フリーランス著述業
81	2008.3.6	25	成都	独立翻訳家
82	2008.3.6	27	成都	セールスマン
83	2008.3.8	29	成都	合弁企業アシスタントマネージャー
84	2008.3.8	41	成都	地方公務員
85	2008.3.8	43	成都	地方公務員
86	2008.3.9	34	成都	カメラマン
87	2008.3.9	32	成都	技術会社プログラム開発
88	2008.3.9	47	成都	地区役所職員
89	2008.3.9	56	成都	小規模レストランオーナー
90	2008.3.9	54	成都	公的機関事務員
91	2008.3.9	53	成都	公立病院医師
92	2008.3.9	58	成都	アパートオーナー
93	2008.3.9	60	成都	大学教授
94	2008.3.25	45	西安	地方公務員
95	2008.3.25	42	西安	地区役所職員
96	2008.3.25	43	西安	地区役所職員

通し番号	調査実施日時	調査対象年齢	居住地	職業
97	2008.3.25	38	西安	外資系企業マネージャー
98	2008.3.25	37	西安	外資系企業マネージャー
99	2008.3.26	39	西安	ジャーナリスト
100	2008.3.26	37	西安	独立アーチスト
101	2008.3.26	46	西安	歌手
102	2008.3.26	47	西安	ダンサー
103	2008.3.26	52	西安	プロスポーツコーチ
104	2008.3.26	53	西安	フリーランス著述業
105	2008.3.26	53	西安	自営業労働者
106	2008.3.26	54	西安	私営企業小規模株主
107	2008.3.27	29	西安	プロサッカー選手
108	2008.3.27	28	西安	プロサッカー選手
109	2008.3.27	32	西安	観光ガイド
110	2008.3.27	34	西安	観光ガイド
111	2008.3.27	35	西安	国有企業技師
112	2008.3.27	35	西安	国有企業データアナリスト
113	2008.3.11	24	北京	プロ運動選手
114	2008.3.11	25	北京	プロ運動選手
115	2008.3.11	25	北京	プロ運動選手
116	2008.3.11	26	北京	プロダンサー
117	2008.3.11	27	北京	歌手
118	2008.3.11	45	北京	独立映画製作
119	2008.3.12	46	北京	展示デザイナー
120	2008.3.12	46	北京	テレビ局番組編集
121	2008.3.12	60	北京	大学教授
122	2008.3.12	58	北京	アーチスト
123	2008.3.12	57	北京	フリーランス著述業
124	2008.3.12	56	北京	銀行マネージャー
125	2008.3.13	54	北京	オペラ歌手
126	2008.3.13	30	北京	財務アナリスト
127	2008.3.13	32	北京	独立エコノミスト
128	2008.3.13	33	北京	財務ブローカー

通し番号	調査実施日時	調査対象年齢	居住地	職業
129	2008.3.13	34	北京	自営業労働者
130	2008.4.22	41	成都	無所属コラムニスト
131	2008.4.22	47	成都	旅行会社オーナー
132	2008.4.22	48	成都	中学校教師
133	2008.4.22	48	成都	弁護士、小規模法律事務所オーナー
134	2008.4.22	51	成都	国有企業会計
135	2008.4.23	50	成都	自動車ブローカー
136	2008.4.23	30	成都	不動産ブローカー
137	2008.4.23	36	成都	外資系企業データアナリスト
138	2008.4.23	37	成都	合弁企業コンサルタント
139	2008.4.23	35	成都	独立投資コンサルタント
140	2008.4.23	41	成都	美術品ブローカー
141	2008.4.24	29	成都	株式市場投機家
142	2008.4.24	28	成都	国営銀行マネージャー
143	2008.4.24	27	成都	歌手
144	2008.4.24	41	成都	国有企業マネージャー
145	2008.4.24	42	成都	公立病院医師
146	2008.3.7	52	西安	街役場職員
147	2008.3.7	51	西安	街役場職員
148	2008.3.7	54	西安	地方公務員
149	2008.3.7	42	西安	私営企業財務アナリスト
150	2008.3.7	34	西安	自営業労働者
151	2008.3.15	32	西安	高級レストランオーナー
152	2008.3.15	37	西安	ハイテク企業小規模株主
153	2008.3.15	38	西安	外資系企業法律コンサルタント
154	2008.3.15	35	西安	合弁企業マーケティングマネージャー
155	2008.3.15	45	西安	国有企業広報マネージャー
156	2008.4.19	44	西安	地区役所職員
157	2008.4.19	45	西安	地方公務員
158	2008.4.19	43	西安	公的機関副所長
159	2008.4.19	47	西安	ハイテク企業研究員
160	2008.4.29	48	西安	中小企業主

通し番号	調査実施日時	調査対象年齢	居住地	職業
161	2008.4.29	49	西安	集団経営企業販売部長
162	2008.4.29	50	西安	地区プロパガンダ担当共産党幹部
163	2008.4.29	52	西安	民間病院医師
164	2008.4.29	55	西安	私立大学教授
165	2008.3.31	25	西安	舞台パフォーマー
166	2008.3.31	24	西安	美術品収集家
167	2008.3.31	29	西安	西安市役所部長
168	2008.3.31	28	西安	国営テレコミュニケーション企業技師
169	2008.3.31	30	西安	民間企業マネージャー
170	2008.3.30	31	西安	独立コラムニスト
171	2008.3.30	32	西安	フリーランス著述業
172	2008.3.30	33	西安	民間企業販売部長
173	2008.3.30	38	西安	公的機関データアナリスト
174	2008.4.18	34	北京	地方判事
175	2008.4.18	56	北京	弁護士
176	2008.4.18	54	北京	中学校教師
177	2008.4.18	44	北京	公立病院医師
178	2008.4.18	43	北京	薬剤師
179	2008.4.7	23	北京	ピアニスト
180	2008.4.7	34	北京	映画俳優
181	2008.4.7	53	北京	美術品収集家
182	2008.4.7	45	北京	株式市場投機家
183	2008.4.6	46	北京	集団経営企業マネージャー
184	2008.4.6	57	北京	地区役所職員
185	2008.4.6	58	北京	地区組織担当共産党幹部
186	2008.4.6	43	北京	民間企業統計専門家
187	2008.4.6	47	北京	公的機関スタッフ
188	2008.4.5	48	北京	公立病院研究員
189	2008.4.5	49	北京	金融会社データアナリスト
190	2008.4.5	50	北京	大学教授
191	2008.4.5	31	北京	フリーランス著述業
192	2008.4.5	33	成都	映画俳優

通し番号	調査実施日時	調査対象年齢	居住地	職業
193	2008.3.23	32	成都	独立映画製作
194	2008.3.23	34	成都	観光ガイド
195	2008.3.23	45	成都	私営企業マネージャー
196	2008.3.23	46	成都	法律事務所創立者
197	2008.3.14	60	成都	無所属学者
198	2008.3.14	54	成都	国有企業弁護士
199	2008.3.14	32	成都	NGO副所長
200	2008.3.14	45	成都	政府公務員
201	2008.3.14	28	成都	街役場職員
202	2008.4.17	29	成都	ジャーナリスト
203	2008.4.17	39	成都	出版社編集者
204	2008.4.17	38	成都	ファッションデザイナー
205	2008.4.17	41	成都	写真家
206	2008.4.17	42	成都	民間企業コンサルタント
207	2008.4.27	54	成都	公的機関研究員
208	2008.4.27	56	成都	国有企業マネージャー
209	2008.4.27	29	成都	ダンサー
210	2008.4.27	45	成都	地区組織担当共産党幹部
211	2008.4.27	46	成都	自営業労働者
212	2008.4.27	43	成都	中小企業主
213	2008.4.3	42	西安	不動産会社小規模株主
214	2008.4.8	40	西安	広報ブローカー
215	2008.3.5	35	西安	ハイテク企業技師
216	2008.3.5	34	西安	外資系企業研究員
217	2008.3.5	36	西安	民間文化会社パフォーマー
218	2008.3.5	56	西安	株式市場投機家
219	2008.4.26	57	西安	旅行会社オーナー
220	2008.4.26	30	西安	プロ運動選手
221	2008.4.26	31	西安	独立翻訳家
222	2008.3.16	34	西安	出版社編集者
223	2008.3.16	42	西安	公共研究センター副所長